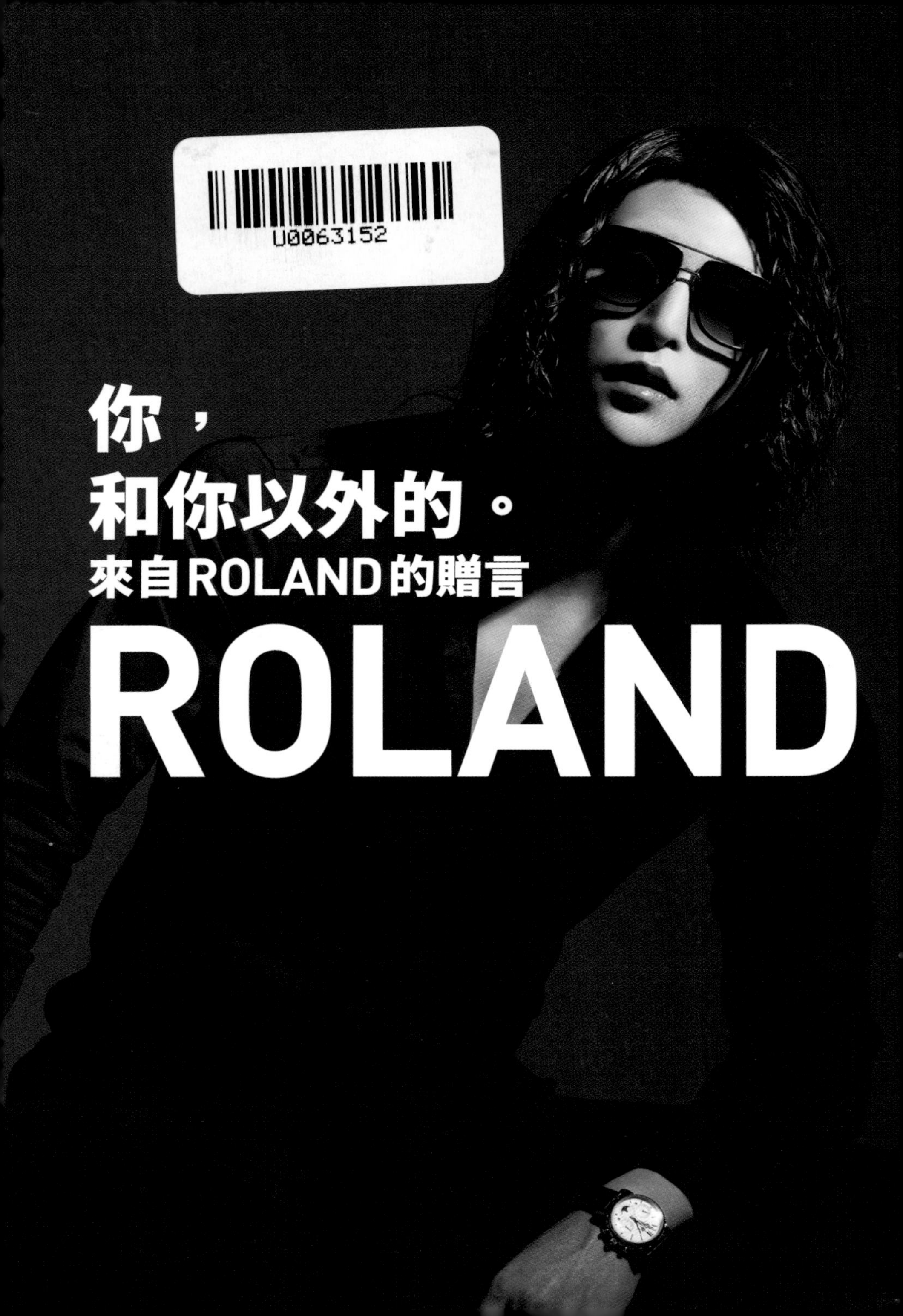
你，
和你以外的。
來自ROLAND的贈言
ROLAND

你，
和你以外的。
來自ROLAND的贈言

ROLAND

前言

拿起這本書來看的你，是怎樣的人呢？

男性？還是女性？年齡？職業？

算了，是怎樣的人都無所謂。因為這世上說到最後，就只有兩種人而已。

喜歡我的人，以及即將喜歡我的人。

我想先感謝屬於這兩種人之一的你拿起本書來看。謝謝你。

這本書是我想讓這世界變得更明亮而寫的作品。

當你沮喪時，不斷鼓勵你直到你感到厭煩；當你沮喪時，給你無限量的肯定直到你覺得太多；為你努力獲得的成功，灌注你負荷不了的加油聲量。

希望這本書能夠做到上述這些，也以這樣的期盼寫下這本書。

這樣的書就想讓世界變得更明亮，又在癡心妄想了！

或許有人會這樣嘲笑，不過**我可是相信「話語的力量」**。

有時候，**「話語」**能夠治癒任何醫生都束手無策的疾病。

還有，比起任何武器，傷人最深的其實也是**「話語」**。

所以我**總是相信「我們甚至能夠用話語改變世界」**。

實際上，我的第一本作品《ROLAND 我，和我以外的。》在全球的累計發行數量已經突破三十萬本。當然，我腦中也小小地設定了這樣的目標，即便如此還是覺得很開心。

「我看了那本書之後，又產生幹勁繼續努力了！」

「遇到難關時讀了您的書，獲得前進的勇氣！」

我收到這類的**「話語」**不計其數。

另外，常出現在電視螢幕中的頂尖運動選手們、演藝人員、海外的人士也都表示看了我的書頗能產生共鳴。

我捐出第一本書的版稅以救助更多人，並在海外蓋學校。

再一次體會到**「話語的力量」**。

也再度確信我的想法沒有錯。

未來，我會讓大家看到我用我獨特的方式讓世界變得更明亮。

據說太陽的壽命約為一百億年。

然而，**我的話語永遠不滅**。

只要我的話語存在，這個世界就永遠明亮。

一邊擦防曬乳，一邊欣賞我的話語吧。

沒錯，也包含這句玩笑話。

這個世界，還有更重要的是你自己因為本書中的隨便哪句話都好。

能夠因為我的話語而變得更明亮一些的話，那正是我寫這本書的起心動念，也是我的榮幸。

ROLAND

致台灣讀者

台灣的讀者們，大家好。我是ROLAND。

非常高興能在台灣出版我的第二部作品。

台灣的朋友們熱愛日本，我以前造訪台灣時，也受到大家熱情的款待，我最愛台灣的各位了。

比起我的前一部作品《ROLAND 我，和我以外的。》，這次我更以「為你」而寫的心態，寫下這本書。

在本書中，我也能夠毫無保留地說出以前鮮少提到的個人弱點。

目前新冠肺炎疫情肆虐全球，大家的生活都受到嚴重的衝擊。

相信也有許多人因此而感到沮喪。

我想，本書應該可為各位帶來些許力量。

當你感到煩憂時，請隨時拿起本書翻閱。

期待能夠與各位再度相會！

屆時，請務必推薦不辣的台灣料理給我（因為我不敢吃辣）！

你，和你以外的。來自ROLAND的贈言

目次

Contents

第2章 ROLAND的工作哲學 57

ROLAND's business formula

第4章 ROLAND的極簡主義 113

ROLAND's minimalism

第5章 ROLAND的數位排毒 147

ROLAND's digital detox

第6章 ROLAND的生存方式 173

ROLAND's own way of life

Contents

第1章

ROLAND的正向思考

ROLAND's positive thinking

ROLAND's
positive thinking

1

「自己的人生，
自己才是主角。」

你的人生，就是一部電影。

還有，擔任這部電影的主角，永遠都是你自己。

然而放眼這世界，許多人都是一邊說著「像我這樣的人……」、「像我這樣的小角色……」，一邊像是臨演般地演出自己的人生。

「因為我爸媽這樣說……」

「因為老師這樣說……」

「因為世人都這樣說……」

許多人嘴上這麼說著，同時放棄所有想做的事情與夢想，不知所以地過日子，就跟活死人一樣。

真的非常可惜！

自己人生的主角，既非父母、師長，也不是世人。

也不是比自己可愛、比自己聰明，或是比自己運動神經好的人。

就是自己。

管他身邊的人說什麼，都跟你無關。

就算是小品電影，就算演出當中念錯台詞，從頭到尾的主角都是你。

在人生的這部電影中，最可恥的不是說錯台詞，也不是演技拙劣。

而是把主角的角色讓給他人，自己接受配角的這個角色。

所以，無論如何我都不會把我人生的主角角色讓給別人。

無論說錯多少台詞，或是拍片中骨折受傷了，或是任何大明星來拜託「讓我演主角」。

不過，那樣的膽子也值得讚賞啦，可以把那傢伙的名字放大一些列在片尾名單中。

當然，僅限於「臨演名單」的部分啦。

就如本書的書名，**這世上只有兩種人**。

你，和你以外的。

說出這話的我，在你的人生中，也不過是為了突顯你的一名配角而已。

只有一次的人生。
我希望你能夠盡情演出自己的人生。

ROLAND's
positive thinking

2

「沒有才能，
也是一種才能。」

雖然承認這點是有點難為情，不過我是非常容易得意忘形的人。

假如自己天生就有那麼點男公關的才能，並打從一開始就順利成名的話，我一定會「自以為了不起」，並仗著氣勢隨便應付工作，放任驕傲心生長且不認錯，那麼現在應該早已經消失在市場上了吧。

正因為剛開始投入這工作時，怎麼樣都不成功，所以我才會全心全意面對工作，思考「該怎麼做才能變成紅牌公關？」

為了鍛鍊解讀女人心的能力、說話技巧以及洞察力，我徹底研究並努力學習。

因為我知道自己沒有這方面的才能，所以我不會產生無謂的驕傲心態，失敗時，我也明白首先得改變自己才行。

在只剩自己沒被客人指名，聰慧的同輩或後輩陸陸續續被挑走的那段時間，對當時的我而言，是非常苦澀的一段時期。然而，當時培養的能力，成為現在支持我的穩固基礎。

假如沒有那段苦澀的日子，就沒有現在的我。我可以如此斷言。

所以，現在的我回顧那段時間，

很諷刺地，我真的打從內心認為——

「我天生不具備男公關才能，真是太幸運了！」

「沒有才能」也沒什麼大不了的。

因為這不是區分成功與失敗的決定性因素。

因為沒有才能，所以就放棄？「頂多」也只是這樣而已。

順風順水時，我們很難靜下心來檢視自己。

遭逢苦難時，正是能夠徹底面對目前投入的事情，重新看待自己的好時機。

那一瞬間或許感覺痛苦，不過絞盡腦汁嘗試錯誤的那段期間，將是未來獲得成功非常重要的資產。

假如現在的你怎麼努力都得不到滿意的成果，為沒有才能的自己感到憂心，我希望你要明白，沒有才能也是一種才能。

那麼，就靠努力來擊倒這個才能吧。

幾年後你就可以這麼說了。

哎呀！沒有才能的我，可真是幸運呢！

ROLAND's
positive thinking

3

「管它是後門
還是煙囪，
其實入口很多。」

假設有一家餐廳是你嚮往的工作地點。

你帶著履歷表前去面試，結果對方說：「很抱歉，你沒有被錄取。」這時你會怎麼做？

大部分的人在這裡就放棄了。

但是，假如是我，我可能會故意不帶錢包去那家餐廳用餐吧。

我並不是因為沒被錄取而用吃來洩恨。

沒錢吃霸王餐或許會被逮捕，不過如果我拚命道歉，懇求讓我用洗碗或其他工作來抵帳，搞不好我就有機會進入廚房重地。

在那裡，對方看到我正確且快速洗碗的動作，也許我就有機會成為學徒。

或許這例子很極端，不過**就算要承擔風險，我也想要賭上那麼一點的可能性**。

因為如果是自己真正想獲得的東西，我就不想輕易放棄。

許多人因為無法從正門的正常管道進入，就認命地放棄。

然而，管它是後門還是煙囪，其實只要設法找一下，就會發現許多入口。

不屈不撓，或是一丁點的小聰明，其實通常就是成功的關鍵。

某位作者針對自己首部作品的「封面」，與編輯起了爭執。

該作者主張單一色調的簡單風格比較好，然而編輯斷言第一部作品就用這麼樸素的風格，絕對不會暢銷，提出的方案是以水色為背景的誇張相片當作封面。

「我們擁有多年的經驗與知識。您從來沒出過書吧？」

聽到這話，作者說：

「若是這樣的話，那我放棄出版。貴社就永遠淪為無法跟我簽約的出版社吧！」

相信各位已經看出來了吧。編輯辯不過說出這麼孩子氣的話的作者，最後出版的就是那本知名的ROLAND首部作品《ROLAND 我，和我以外的。》（笑）。結果就如各位所知的那樣囉。

二〇一九年，在我經營的男公關俱樂部中獲得年度冠軍的男公關，當初來面試時，我對他說：「我感覺不到你有什麼才能，你還是早早離開吧。」

「我不會離開這裡一步，除非你雇用我！」

他這樣回我，而且絲毫沒有離開的打算，最後我屈服了。

當時他說，你讓我洗杯子什麼都好，請錄用我。從那時起，他專心投入工作，後來才能成為頂尖的男公關。

假如自己擁有絕對不想改變的信念、無論如何都想實現的夢想，稍微冒點險也沒什麼不好。如果因此而成功了，也是美談一樁。

才一次、二次遭到否定，請不要就此輕易放棄你那不可替代的信念或夢想。

不屈不撓，是成功的開始。

我為你的成功祈禱。

ROLAND's
positive thinking

4

「緊張是種成長痛。」

我先開宗明義地講。

「假如你以為緊張是負面情緒，那你就大錯特錯了！」

在重要的舞台上演出、重要的考試、重要的比賽等等。

相信大部分的人都會緊張吧。

緊張很容易被視為負面情緒。

然而，我會把這樣的緊張視為**「成長痛」**。

這正是嘗試某種新事物，挑戰更高層級時，渴望「絕對要成功！」的最佳證據。

若是如此，那不就應該屬於喜悅的情緒嗎？

完全不是負面的情緒。

緊張是因為練習不夠的緣故，是因為內心怯懦的緣故。

許多人都是這樣教導的，任何人聽到這話就會把緊張視為負面，於是拚命壓抑感到緊張的自己，以感到緊張的自己為恥。

孩童時期，是不是有過郊遊前一晚因為太開心，以至於怎麼樣都無法入睡的經驗？還有，越是叫自己快點睡反而越睡不著……相信大家都有過這樣的經驗吧。

緊張，也是同樣的道理。

把緊張視為負面，越想壓抑這樣的情緒，肩頭就變得越緊而更緊張了。

假如感到緊張，敞開心胸樂在其中就好了。

坦然接受緊張就好了。

這樣的正向思考會帶來更好的表現，當你察覺到時，會發現自己早就忘了緊張的情緒而輕鬆地樂在其中。我經常有類似的經歷。

不緊張，也可以證明你擁有絕對堅強的意志，但也極可能是警告你變得僵化、失去渴望成功的熱情。

假如是前者，那就太棒了，但如果是後者，或許就是你該做出改變的時候了。

緊張，並不丟臉。

在心中的痛，是成長痛。

內心怦怦跳的聲音，是自己成長的聲音。

對你而言，緊張是最棒的成長瞬間！

「不發生車禍的最好方法，就是不要開車。」

假如怎樣都無法鼓起勇氣去挑戰什麼事情時，我會送你這句話。

「不發生車禍的最好方法，就是不要開車。」

雖然聽起來理所當然，但也是不爭的事實。

只是，假如不開車，就永遠無法抵達目的地，很遺憾地，這也是千真萬確的事實。

確實，挑戰是可怕的。

但是若不踏出那一步，就絕對無法抵達目的地。

或許會發生車禍。

途中或許引擎會故障。

也可能會迷路。

但是，就算你對於這些風險都做好心理準備，啟動引擎、手握方向盤時還是會覺得怕得要死、緊張得要命，然而，若你不踩下油門，不踏出那一步，那麼不管發生什麼事，你的一輩子也就只是這樣而已。

我非常能理解你的恐懼。

我獨立創業時，也真的非常害怕做決定。

每天都想著，假如失敗了該怎麼辦。

即便如此，我還是鼓起勇氣，啟動引擎、手握方向盤並踩下油門。

所以，才會有現在的我。

途中，也發生過許多事故。

雖然現在講起來像是笑話一般，但是創業第一個月，男公關俱樂部的核心成員就辭職，公司也有過虧損的月份。

但是，每次遇到狀況就設法去面對、處理，日子總還是能夠繼續過下去。

踏出去之後才明白，**人只要願意做就辦得到。試著動手做了之後，就會發現事情進行得意外順利。**

許多事都是一邊做一邊學的。

所以，何不就踏出那一步呢？

我參加某電視節目去東京某女子高中時，學生問我「對於心儀的男生總是無法提出勇氣告白」，該怎麼辦？那時我就回她這句話。

最近該校的學生們好像都很難說出自己內心的想法，也就是害羞的女孩子越來越多。

對於這些孩子們，我希望她們一定要想起我說的這句話，試著主動接觸自己心儀的對象。

因為我認為向心儀對象告白，是件非常美好的事。

放心，假如告白失敗了，ROLAND會全心全意地安慰妳。

「男人啊，就跟天上的星星一樣多，所以不要放在心上。對了，我可是天上的……月亮」。就像這樣，一邊開著玩笑一邊安慰妳。

ROLAND's
positive thinking

6

「『不知道』就是
一項武器。」

就算你想啟動引擎，也還是無法鼓起勇氣，那麼我還有一句話送你。

「『不知道』就是一項武器。」

開始投入某件事之前，確實做好事前準備、衡量風險等，或許很重要。

然而很遺憾的，無論你事前準備做得多周全，也絕對不保證不會失敗。

還有，在你為了避免失敗而持續準備的過程中，也可能失去挑戰的機會。

這是我剛獨立創業時發生的事。

我成立的男公關俱樂部即將開幕時，我花的初期成本就超過行情價的三倍。

因為太過堅持，所以廣告費、裝潢費、人事費等等……不斷增加。

當我察覺到時，已經累積成一筆龐大的金額了。

經營前輩譏笑我：

「一般來說，一開始就不能花這個錢啦。」

「你要怎麼回收成本？」

但是，我有勝算。

因為我本來就不想開一間經過妥協的店，而且如果考量到獨立創業時的聚焦程度，絕對會有好客人從日本各地前來看看ROLAND的新店長什麼樣子。若是如此，花錢就不能擔心風險。比起低質感讓客人失望，耗費龐大成本讓客人稱讚「真不愧是ROLAND的店」，更容易擄獲客人的心吧。那時我是抱持著這樣的信念。

現在的我終於知道那是一筆多麼瘋狂的金額了。

確實，我投入太多成本了。

但是，結果如何呢？

那樣的堅持奏效了，從開業的第一年起，我就獲得了驚人的大成功。

連旁人都感到驚訝的成功。

假如當初我妥協了自己的信念，假如當時我知道太多事情，我恐怕就會因為擔心失敗而以符合行情的成本開家小店起步吧。
這麼一來，或許就不會有那樣的成功。

就像這樣，懵懂無知有時也是一項武器。
如果這麼想的話，內心應該會升起一股勇氣吧。
那麼，何不鼓起勇氣試著踏出第一步！
我正是因為不知道，所以才敢大膽挑戰呀。

ROLAND's
positive thinking

7

「前例不是用來查找的，
是用來創造的。」

「沒有前例」、「前例就是這樣」。
每每發生什麼事，我就會聽到這樣的話。

然而，我就是推翻了前例才有現在。
前例不是用來查找的，是用來創造的。

假如你描繪一個遠大的夢想。
假如你提出一個嶄新的創意。
許多人都會跟你說：
「因為沒有前例，不可能成功的！」

當然，這當中有人是出自於善意而說這句話。
但是大部分的人是因為不希望你成功而說這話。
他們不希望因為你的成功而突顯出自己的悲慘。

他們不希望他們腦中的常識遭到顛覆。
所以他們會假裝好心，想方設法阻止你成功。
但是，**假如這是你的重大決定或挑戰，你就應該堅持自己的信念直到最後**。

那種鄉下地方出身的人想要成功，真是做夢比較快。
你這樣的身高，不可能啦。
沒聽過你那樣的想法。
沒有前例可參考，怎麼可能成功！
……。

就算有人對你這麼說，但是我跟你保證，
這世上找不到任何一句話值得你放棄夢想。

「沒有前例。」

假如現在有人對我說這句話，我會這樣回他。

「沒有前例？那又如何！」

「前例什麼的，是ROLAND的資料還沒放進去啦！」

會讓人嘲笑的夢想才有實現的價值。

最後仰天大笑的，一定會是我們。

ROLAND's
positive thinking

8

「如果有閒工夫說黎明總會到來，
那我就往東方奔跑。
因為東方的天空是亮的。」

有一句激勵人心的話是「黎明總會到來」。

就如字面上的意思，因為夜晚過後總會天明，所以不用煩惱，等待時間來解決一切。

這話就我聽起來像是不要面對困難，順其自然就好。我不喜歡這樣的消極態度。

命運是要靠自己的力量改變的。

假如我有閒工夫說什麼「黎明總會到來」，那我還不如傾全力往東方奔跑，因為地平線的那頭有光明等著我。

確實，現今因為疫情的關係，眼前困難重重。

但是……

「什麼時候才能回到以前的世界呢？」

「為什麼偏偏要發生在我這個年代……」

這樣的嘆息，不會改變任何現狀。

即便如此，我們也必須站起來面對這個世界。

因為疫情的關係，我擔心我這個獨一無二的男公關俱樂部將會無限期停業。即便是現在也沒有復工的打算。

很好。接受它，然後重新出發。

我發誓，我絕對不會放棄。我會用我自己的力量重新站起來。

ROLAND絕對不會屈服。

我把以往放在男公關俱樂部的重心轉移到擴大其他公司的事業規模。

趁此機會成立好幾個新事業。

空閒的時間也開始學語文。

二流的人會被外在環境影響。

一流的人不會被外在環境影響。

那麼超級一流的人呢？——會善加利用外在環境。

多虧這樣的契機，敝公司株式會社ROLAND GROUP HD的整體業績跟去年度相比，有顯著的成長。

把多出來的時間用來提升技能、成長。

無論面對什麼樣的逆境，我都不會失敗。
倒不如說，我會反過來利用逆境幫助自己成長。

當你覺得痛苦、意志消沉時，希望你要想起這裡有一個不屈不撓的男人在逆境中，以陽光為目標，往東方的天空全力奔走。

各位，我們一起奮鬥吧。

ROLAND's
positive thinking

9

「任何困難一定
都有其光明的一面。」

我從小就是樂觀的人。自然地就習慣正向思考。
從小，我的潛意識就明白事情的好壞都是由自己的想法決定的。

不擅長的算術考了六分時，我也不怎麼在意。

在足球比賽中拿了六分，成為英雄，並登上運動報紙的一個版面。

我也只把它當成是一次的算術考試。

就算飯店的房間號碼是四〇四，我也不會把四聯想到「死」，而是想成「幸福」的四。

或者說，超幸運。

右邊與左邊的兩條道路。假如選了右邊而遇到困難，我從來不會想「哎呀，如果選左邊的路走就好了！」我會想，假如選左邊的路，一定會遭遇更大的困難，幸好選了右邊的路。

最重要的是你自己怎麼想。就算有點勉強，就算有點強迫也沒關係。
因為正向思考的根源就是「有點勉強與強迫」！

還有，我發現一旦養成正向思考的習慣，很奇妙地無論是什麼樣的困難，只要用心尋找，一定會找到至少一個正面的想法。

例如，這次的疫情。這可能是一輩子只會遇到一次，極為負面的狀況。

然而，疫情讓我知道能夠與朋友們不戴口罩地開懷大笑、能夠在擠滿觀眾的體育場中大聲喊著支持的球隊名稱、能夠跟家人健康地生活著，是多麼幸福的事。

人往往要等到失去，才能體會失去的東西的價值與珍貴，真是愚蠢的生物。

父母與健康的可貴，等到失去了才明白。

這句話說明了人類是多麼地不知感謝「理所當然」的生物。

我在這個年紀暫時放下這樣的「理所當然的幸福」，並得以重新確認這樣的幸福其實「並非理所當然」。

如果沒有這場疫情，我可能就把這個「理所當然」視為理所當然地過完一生，想到這，就打從心底覺得可怕。

孝順、與家人通電話等行為，都在這場疫情發生之後，明顯增加。

因為家人健健康康、平平安安，真的就如奇蹟一般。

事業方面也有正向的發展。因為疫情的影響，出租物件增加，所以我得以擴大事業。競爭對手也減少了。

說來，我覺得在創業第二年能夠經歷這樣的意外，往後任何困難應該也都能夠克服。這也是好的經驗。

能夠這樣思考是因為平常就算有點勉強，也習慣逼迫自己要正向思考的緣故。

就算你現在位於人生的谷底，也不要感到悲觀。

電梯的最下層，也只有往上的按鈕而已。

完全勝過從中間樓層掉下來的情況！

接下來就只等你按下按鍵而已。任何困難都有其光明的一面，一定的。

ROLAND's
positive thinking

10

「自卑感強
是上進心強的證明。」

許多人因為高度自卑而感到煩惱。不過這一點也不丟臉。

我以前的自卑感比任何人都還要重。不過，我認為我之所以能夠有現在的成績，正是因為我擁有比別人多一倍的強大自卑感。

踢足球時，我練習得比別人多，那是因為我在才華洋溢的選手面前感到自卑。

來到公關世界，能夠磨練出現在的說話技巧，能夠靈活運用待客技巧等，也是因為我比任何人都還不知道該如何跟女性聊天，為此而感到自卑的緣故。

我之所以能夠像現在這樣修整自己的容貌，也是因為我對自己的外貌感到自卑的緣故。

為了隱藏臉部的缺點，我動了整形手術。

但是我既沒有隱瞞這個事實，當然也不覺得丟臉。

因為這是我為了克服對自己容貌的自卑，苦惱到最後，然後誠實面對自己所找到的答案。

我有信心無論是什麼樣的自卑，我都有辦法克服。我相信總有一天我能夠克服自卑，也絕對不逃避。所以，我才能夠有今天。

因為我討厭用一句「像我這種人」就放棄，然後在往後漫長的人生中，一直低聲下氣地活著。

喜歡原來的自己，那是口是心非的漂亮話。

我認為努力、努力再努力的未來，有一個我最喜歡的自己等著我。

逃避自己的自卑感，勉強地告訴自己「這樣就可以了」，你就永遠不會喜歡自己。**所以，要徹底面對自己。**

社會的潮流覺得努力的樣子真難看。

也有人嘲笑為了克服自卑感而掙扎的人。

事實上，有人嘲笑認真努力的模樣，其中也有人看不起我動整形手術。

但是，最難看的不就是不面對自卑感而放棄的態度嗎？

努力，一點也不難看。

就算被嘲笑又如何，不努力的人才會被嘲笑吧。

被自卑感打敗的人們害怕自己辦不到的事情被別人實現。

對於那樣的人，根本無須在乎他們。因為最後帶著勝利微笑的，會是努力的人。

我可以肯定地說，沒有無法克服的自卑感。

假如你感到自卑，那**證明了你對自己設定了高理想的目標，也是你設定更高目標的證據。是你不滿足於現狀的證據。**

根本不用覺得丟臉。你反而要覺得驕傲才對。

當你克服自卑，有朝一日喜歡真正的自己之後，你甚至可以像我這樣寫一本書，光明正大地說出自己以前有多麼自卑。

假如逃避面對自卑，應該就沒辦法像我這樣吧。

這時你就會成為嘲笑努力者的魯蛇，並且暗自在心中希望別人也跟你一樣遭遇不幸吧。

「我頭腦不好」、「我是胖子」、「不可愛」、「沒有才能」等，假如你有這樣的自卑感的話，希望你不要放棄，要勇於面對。

希望你絕對不要用「像我這樣的人」這句話來放棄自己。

因為一定有克服自卑感的方法。

努力，才是最帥氣的姿態。

我最喜歡努力的人。

極度的自卑感，將帶來充沛的原動力。

第2章

ROLAND的工作哲學

ROLAND's business formula

ROLAND's
business formula

1

「就算被說『最差』也無所謂。『最差』與『最棒』僅一字之別。總比被說『平凡』來得好！」

與人說話時，我會注意以不同的重點，針對不同的人提供超乎預期的內容。特別是如果對方是我想吸引或取悅的人。

這是我以公關身分接待客人時發生的事。

有客人曾說：「我……不管做什麼都沒辦法成為第一。所以，說什麼帶著自信活下去，不可能。」

如果是一般的公關就會說：

「沒那回事啦！您要對自己有信心喲！」

或是，「其實，我也是這樣……您的心情，我明白喔。」

像這樣以附和對方的說法來安慰對方。然而，**那種老套的回答會丟了我這個公關界帝王的美名**。

所以，我會什麼都不說，抱緊客人，然後問對方這句話。

「您現在在某個領域是世界第一。您知道是什麼嗎？」

突然被緊抱著，又被問到這個問題，對方當然會感到困惑而無法回答（笑）。

然後我會對客人說：

「您現在比世界上任何人都還接近ROLAND。您看！您現在就是第一了。而且，還是世界第一！」

嗯？是少女漫畫看太多嗎？如果對方這樣說，那就玩完了。不過因為這樣講太突兀了，所以失敗的次數也不少！（笑）

那時，客人的神情一下子變得明亮，我至今仍然記憶深刻。

透過這樣的擁抱，同時我也確實感覺到，其實那時的客人是這世上最接近我的人，所以得以送對方**一個在某方面第一名的成功體驗。**

另外，**這個訊息也是要告訴你，你只是沒有察覺到而已，其實搞不好你已經是某個領域的第一了喲。所以試著轉念也是非常重要的**。更重要的是，比起一般接待客人的方式，這樣的回應會在客人心中留下深刻的印象。

或許那麼深的含意並未顯露出來，對方只是愣住地笑ROLAND果真是一個奇怪的人啊。

雖然我不知道對方內心真正的想法……但只要對方因此展露笑容，那我就算成功了！

「總覺得，今天遇到ROLAND就變得有活力了。真的非常謝謝你！」

光是聽到客人離開前這麼說，我就感到滿足了。

無論在哪個領域，能夠提出超乎預期的想法的人就是成功者。

・結合音樂播放器與行動電話的史帝夫・賈伯斯

・在歐洲冠軍聯賽的決戰中，以凌空射門獲得決定性勝利的席內丁・席丹

・穿著生肉裝的女神卡卡

正因為他們做了沒有人想得到的事，所以才能成為被世人不斷傳頌的傳說吧。

「白癡與天才只有一線之隔」，這句話的意涵就濃縮在那樣的傳說中。

就算走錯一步就會成為笑話，但是如果進行順利，就會變成傳說。

就算被說『最差』也無所謂！

『最差』與『最棒』僅一字之別。

總比被說『平凡』來得好！

ROLAND's
business formula

2

「不斷換香水的男公關
不會成功。」

當我還在當男公關的時代，就算我沒有因工作而主動聯絡，也有許多客人會突然想到我而來店裡指名找我。

是偶然嗎？

或者我是稱職的公關？

當然都有可能，不過其實客人指名找我是有明確的理由。

因為我利用了**記憶與五感緊密連結**的技巧。

聞到某種香水味就會想起某位特定人士，聽到某首歌曲，以前經常聽這首歌時的回憶就會在腦中復甦，你是否曾有過這樣的經驗？

相信許多人的回答都是肯定的吧。

沒錯。**香水與音樂是讓人想到我的強大工具。**

在我發現這個事實之前，我總是會依照當下的心情選擇不同香水，然而這麼做無法給人留下「提到ROLAND就想到這個味道」的印象，於是我便以一輩子就只用一種香水的心情，選擇了愛馬仕「TERRE D'HERMES」的其中一款香水。

這樣也過了七年多，現在我還依舊使用這款香水。

我每天噴這款香水接待客人。

連名片也撒上香水後才遞給客人。

然後，當我接送客人，讓客人坐在副駕駛座時，也一定會播放一次法蘭克・辛納屈（Frank Sinatra）的〈My Way〉。

這是為了讓客人日後聽到這首歌時，會回想起與ROLAND共度的歡樂時光。

因為這種種的安排，我的目的就達到了。

特別是香水的力量非常強大。

「在街上聞到這個香味，就突然想跟ROLAND見上一面。」

「聞到你的名片的香味就想看看你，今天就來了。」

許多客人都這樣說，然後來店裡指名找我。

也有幾位客人聽到電視上播放〈My Way〉，就來店裡找我。

香水與音樂的力量不容忽視。

現在對於新手男公關們，我只會說「頻頻變換香水的人不會成功喲」。

「他在說什麼啊，感覺又是一句引以為傲的名言？」

新手男公關們總以這樣的眼神看我（笑），但是**我故意不說明理由**。

因為靠自己領悟這道理的男公關才會成功。

因為他一定是把工作做到最好，連這樣的細節都會研究透徹而突破瓶頸的人吧。

那麼那麼，會是誰領悟我說的那句話的真正含意呢？

我們一起期待吧。

ROLAND's business formula

3

「女孩的『夠了』跟客人的『沒關係』，都不能相信。」

溝通時，照著字面上的意思照單全收的，不見得就是正確做法。

我自己剛成為男公關時，完全不懂女人心。曾經在路上與客人吵架。然後那位客人對我說這句話。

「夠了!!」

我單純以為我被討厭了，於是果斷地掉頭走人，當時那位客人說的那句話，我永遠不會忘記。

「你呀，真的不懂女人心啊。你這樣做不起來的。」

她丟下這句話，然後再也沒指名過我。

現在想一想，我懂她那時想說什麼了。她的「夠了」一定有這樣的含意吧。

「當我說『夠了！』的時候，表示別說這個了，我們換個話題重新對話，請留住我！拜託！雖然這樣可能很麻煩，不過我是那種在雙方的溝通過程中，一再確認彼此感情的人喲。所以，拜託請對我溫柔一點。」

所以誤以為這個「夠了」是拒絕的意思而打算掉頭離開的我，確實是不及格的男公關。

我也經常以這個經驗提醒從事服務業的員工們，**不可以相信客人說的「沒關係」。**

這可能也是日本人的民族性吧，因此，「雖然有點在意，但是忍耐一下就算了」，像這種程度的不滿，大部分的日本人都會說「沒關係」。

所以要從「沒關係」的語調、眼神以及動作等，判斷「沒關係」這句話真正想要傳達的訊息。

我之所以能在歌舞伎町成功的最主要理由之一，就是「洞察力」。

從言語以外的訊息揣測對方的想法。解讀潛藏在言語中的真正意涵。

從一開始可說是完全不懂女人心，**現在這個「洞察力」卻成為我最強大的武器。**

我雖然無法像專家那樣解讀對方的想法，但是我有自信能夠透過眼神、舉止、聲音的語調或是奇妙的氛圍等，相當準確地猜到對方的喜怒哀樂等四種情緒。

正在看這本書的男性朋友們！

不要想都不想就全然接受女性所說的「夠了」，這樣直接轉頭就走會被討厭！反過來說，也請注意不要過度解讀而被告！（笑）

哎——男人真命苦！

ROLAND's
business formula

4

「正因為內心脆弱，所以才要說大話。」

我從以前開始就經常說大話。

「『不可能』的反義詞不是『可能』，而是『ROLAND』。」

「我不覺得我會輸給誰。就算是跟鏡子猜拳我也會贏。」

我曾經如此誇口。

就算是運動的世界中，也有被稱為大言不慚的人們。

是因為他們擁有非比尋常的堅強意志，所以才能夠開這樣的口嗎？

我認為不是。這些大言不慚的人們正因為自覺意志薄弱，為了親手阻斷逃跑的道路，所以才會說大話吧。至少我自己就是如此。

我正因為自覺意志薄弱，所以才要誇口說大話。

不想努力的日子，也要靠說大話來督促自己前進。

想偷懶的日子，我誇口說出的話就會推著我前進。

為我冷卻的心點上柴火加熱的，總是我說的大話。

有句成語是「背水一戰」。斬斷退路的人是意志堅強的人。

我在上一本書曾經寫道：

「想要讓人生成功，並不是思考做或不做。而是，就去做。」

確實就是如此。**若想要成功，自己就要刪除「不做」的這個選項**。

「下次比賽一定要贏」，如果在攝影機前如此大聲宣誓，那麼無論是多麼低潮的日子，應該也會覺得「這樣就偷懶認輸，會成為眾人的笑柄」而起身努力吧。

同樣地，我在上一本書也曾寫道：

「胖子都很驕縱。如果正常地過日子，是不會發胖的。」

這也是獲得極大迴響的一句話（笑）。

假如這句話會引起別人不愉快的感覺，那我在這裡道歉，不過這也是我對自己所說的一句話。就在說出那句話的不久前，我認為自己要是發胖，那就太丟臉了！所以告訴自己就算不情願，也要過著健康的生活。

雖然型態稍有不同，不過這樣的句型也能夠套用在工作場合中。

我經常被主管級員工詢問「因為自己沒有做出成果，所以無法強勢指導後輩」的問題。

那時，我就會回答**「你搞錯方向了。正因為你無法強勢指導，所以才得不到成果」。假如嚴格要求部下，自己就會覺得自己也要做出成績，也就能夠努力。因為你是驕縱的前輩，所以對自己也太過鬆懈。**當然，如果因為這樣就成為只出一張嘴的主管，我會立刻把他降級，不過大部分的員工都會接受這樣的建議而做出改變。

我希望你自己捫心自問，問問自己是強者還是弱者。

假如你自認是弱者，那麼你才更要誇口說大話。

例如**「我要超越ROLAND！」**之類的。

不過算了，請各位放心。很遺憾的無論各位如何努力，你們是絕對無法超越ROLAND的。最後，我也會寫下那樣的誇口，並且完勝所有人的挑戰。

ROLAND's
business formula

5

「我不是溫柔的社長。」

我想聊聊身為一名社長的想法。

我今年在家裡設了一個健身房。

認為這麼做「太奢侈！」的人，肯定是不懂**努力訣竅**的人。

在家裡設健身房當然也有想一個人悠閒鍛鍊身體的奢侈想法，不過我**真正的目的**並不在此。

這與我誇口的理由頗為類似，就是**想徹底減少自己找藉口的機會**。

因為今天天氣不好……

因為錯過健身房的營業時間……

因為沒有時間……

如果家裡有健身房，便再也沒辦法說那些藉口了。

還有，如果把家裡有健身房的事公告大眾，而我的身體卻是鬆垮變形，那就一定有人會説話了。

「ROLAND家裡明明就有健身房，身材還維持得這麼差。」
就算是被誤解，我也不想被那樣批評。
沒錯，**我真正的目的是為了鞭策自己。**

投資公司的設備，我的訴求也是一樣。
當然，最大的目的就是取悅客戶，不過還有一個同等重要的目的。
就是為了不讓員工有藉口。

因為這家店太小，所以無法拉高業績。
因為店的地點不好，這也是沒有辦法的事。
因為沒有像別家店那樣有豪華的裝潢，所以拚不過別人。

人總是很容易把自己失敗的理由推給外在環境。
為了不讓員工有藉口，我會積極投資店裡的各項設備。

因為我已經準備了好環境，接下來就看各位的努力了。

我認為打造一個能說出這話的環境，也是身為社長的責任。

其他公司的社長說：「ROLAND很寵員工呢。」其實事實正好相反。

我是為了不讓員工有藉口，才要做這樣的投資。

假如有本公司的員工正在看這本書，我要言明在先。

如果你覺得我是溫柔的社長，那你就大錯特錯了（笑）。

ROLAND's
business formula

6

「『散步』是進行
『創造』的最佳時間。」

各位動腦思考時，都會做什麼事呢？通常都是什麼樣的時候會產生靈感呢？

我以前想思考時，就會開車出去漫無目的的閒逛，或是一邊聽著時鐘的滴答聲一邊看著暖爐的火，或者抽根雪茄。

不過，最近我會推薦**「散步」**。

就如許多先賢達人會把散步視為創造的時間，我也想推薦各位**把「散步」用來作為創造的時間**。

其實寫這本書時，只要遇到瓶頸，我就會先暫停書寫的作業，只帶著筆與記事本出門散步。

人是會在無意識中產生欲望的生物。

不知不覺就**「想要找出」**好的想法，這樣腦子是不會浮現任何好創意的。

所以，要做的就是**「放手」**。

而關於這個**「放手」，散步是非常有效的做法**。

走路時不聽音樂，也不期盼腦中會不會有靈感冒出來。

什麼都不期待，就只是走著。

一邊走著，腦中就只是無意識地想著天氣開始變暖了呀，以前這個地方有家咖啡店呢，剛剛錯身而過的人打扮得非常有型等等。

這麼一來，嶄新的創意等就會毫無預期地浮現腦中。

言語也是一樣。

這樣的說法真好，這種比喻方式是不是非常容易理解？

散步途中，就會出現這樣的靈感。

而我只是把這樣的靈感寫在記事本上，然後繼續散步。走累了就打道回府。

就只是如此而已。不多，也不少。

就算沒什麼靈感也無所謂。因為光是散步，整個人就感覺重新振作起來。

進行創意工作時，播放療癒音樂、點燃香氛並調整舒適的空調溫度。好！來想些好的創意吧！就算準備這麼周全仍無所獲的人，或許就是因為過度追著靈感，以至於讓它溜走也說不定。

創意跟害羞的女性一樣。
別有用心地追求，只會讓它跑得更遠。
當你抓破腦袋也想不出好點子時，建議你一定要試試暫時放棄思考，出門散步去吧。

ROLAND's business formula

7

「若想抓住新的東西，就得放掉手上緊握著的東西。」

公司裡面抱怨的人很多，抱怨的時間可以跟幻想「如果中樂透想做什麼？」的時間匹敵，是地球上最不具生產性的時間之一。

解決這種抱怨的方法有兩種。

「讓自己成為依循的規則」、「毅然決然辭職」。

如果對於公司而言，你的存在是重要的，那麼你發言的重要程度也必然會提高。

假如你是重要的人才，也就能夠改變不滿意的公司規則或環境吧。

在組織中越是優秀的人才，意見越會被重視。

既然如此，那就做出成績，讓自己成為眾人依循的規則。

不然就遞出辭呈，斷然換個環境。

這樣就可解決一切問題。非常簡單。

還有，如果這兩種方法都辦不到，很遺憾地你只有一條路可選。

閉上嘴工作。如此而已。

握緊的拳頭，無法再抓住新東西。

如果**想讓自己成為眾人依循的規則**，為了做出成績，就必須放棄鬆散而安穩的生活吧。

如果打算**辭職換工作或是獨立創業，就必須放棄維持現狀這個對人類而言最輕鬆的選項，做好面對風險的心理準備踏出去**。

哪條路都不敢選，就只有抱怨最會。

「這種公司實在做不下去啊～」

「那個主管實在囉嗦～」

一味地抱怨卻也不打算改變，明天依舊前往不想繼續工作的辦公室。

就跟一邊喊著想減肥，一邊吃冰淇淋的墮落者一樣。

哎呀，真是難看啊。

這是我最開始在公關俱樂部工作時發生的事。

一進入俱樂部，我就產生各種不滿，裡面有令人討厭的前輩、鬆散的氛圍、缺乏專業意識等。

然而，假如沒有做出成績就辭職離開，感覺像是認輸，我吞不下這口氣（沒想到我這麼固執）。

說來，不是我配合公司，是公司要配合我。
因為我抱持著這樣的想法，所以無論如何都得做出成績來。

至少要做到誰都無法忽視我的意見的地步。

做出成績後，我讓沒有幹勁的員工調動職務（包括討厭的前輩等好幾人因此而辭職。現在想想，我也覺得當時做得有點太過份，對此反省中……）、對於公司內部的規則或做法提出我的看法，公司也接受我的多項意見。

就這樣**讓公司配合我**。

然而，到了最後，我還是無法完全消除我對那家公司的不滿。

很遺憾地，就算我讓沒有幹勁的員工離職，再怎麼改變規則，也無法打造一個讓我成為

「日本第一男公關」的理想環境。

若是如此，答案就很清楚了。

當然再也不能一邊抱怨一邊工作。

那就快點獨立創業，或是去找一家更好的公司。

最後我被挖角到業界最大的男公關公司。

因為我想成為「日本第一男公關」。

想過著緊抓著現狀，一輩子不斷抱怨的人生？

還是要放棄現狀，開創人生的新頁？

不管你選擇哪個選項，都取決於自己。

第3章

ROLAND的頂尖人士自處之道

ROLAND's theory to be at the top

ROLAND's
theory to be at the top

1

「成為第一之後，
眼裡就沒有別人。」

「人要以自己為主生活。」

或許有人會說，就算別人這樣建議，我們也會極為在意他人的看法，生命中也不可能完全都不跟別人比較！那都是好聽話！

如果你是那樣的人，雖然不容易，不過我可以教你完全不在意別人的方法。即便這是難易度稍高的方法……

不過，想要獲得什麼，本來就得先付出點辛苦吧。假如你也認同這點，那就繼續往下看吧。

完全不在意他人看法的方法，就是**「成為遙遙領先的第一」**。

別人在自己的眼中，全都是第二以下。

假如站在領頭地位，眼前看到的就只有終點線而已。

會在意他人，那就證明自己還不是第一。

現今，世人都只是單純認為「別人是別人，自己是自己」。

不過，其實我自己在當男公關的時代，就非常在意別人的存在。

在那個有點特殊的世界裡，幾乎每天都要被排名，自己的價值以數字如實地呈現，若要說理所當然，或許也確實如此。

「其他的男公關寄放了幾瓶酒。」

「其他團隊的男公關做了多少業績。」

「其他的男公關獲得多少客人指名。」

那類的事情在意得不得了。還有，也討厭那樣的自己。

然而，我後來是這麼想的。

如果成為遙遙領先的第一名，那麼我眼裡不就沒有別人的存在！

雖然我這麼想之後，也沒有立刻成為遙遙領先的第一……

了解這種難以形容的忌妒心的原因以及解決方法很重要。

在那之後，就算我極在意他人的表現，只要這麼想，內心就變得輕鬆起來。

「這樣的心情並非沒有目標。你只要成為第一，什麼事都能漂亮地解決！」

雖然付出許多辛苦及努力，不過最後在工作經驗的累積中，我成為業界中無人能敵、閃亮耀眼的全勝者、第一名、王者之尊。

這已經是贏到連自己都覺得不好意思的成功境界了。

到達這個境界之後，一回頭才發現當初那麼在意的對手們，早就不被我放在眼裡了。

就算我回頭看，那些對手也早被我海放到看不見人影了。

所以，我才能毫無牽掛地往下一個舞台前進。

ROLAND's
theory to be at the top

2

「成為第一還會被議論，那就還是第二。成為第二然後被議論，才會成為第一。」

維持第一並不容易。

「並非戰勝而被議論，而是戰敗但登上頭版版面。」

（《野村的流派 人生的教誨257句名言》野村克也 著）

這句話是日本職棒界的傳奇教練，故野村克也先生的一句名言。

相信這句話也適用於任何領域吧。

在成為第一之前，如果獲勝就會無條件地獲得稱讚。

例如，幹得好！真了不起！

但是，成為第一後就不一樣了。獲勝是理所當然的。

獲勝後，別人會說「你獲勝本來就是理所當然的吧？因為你可是第一名呢。」

然而，萬一第一名輸了，大家就會大驚小怪。

「第一名輸了！第一名竟然輸了！」像這樣議論紛紛。

我維持著第一名的時候，經常覺得我在玩一個賭注不同的撲克牌遊戲。

挑戰者贏我，就能夠獲得大筆的鈔票。

但是我贏了，卻幾乎毫無所獲。

像這樣經常玩高風險低報酬率的遊戲。

這就是第一名的宿命。

對於賭一百萬美元，卻只能獲得十美元的比賽，假如沒有持續獲勝的心理準備，那就沒有資格掛上第一名的稱號。

還有，即便承受如此大的壓力，第一名對我而言也是有價值的。

因為我是第一名，所以獲得認同。

因為我是第一名，所以可被原諒。

因為我是第一名，所以不會在意他人。

假如沒有心理準備承受強大壓力奪取第一的話，那你多多少少都會在意他人的眼光。

假如你討厭這樣，**那就一定要成為全勝者、第一名、王者之尊。**

成為遙遙領先的第一。

一邊承受非比尋常的重大壓力與責任，一邊維持著第一名的地位。

然後，一邊看著只有第一名才能看到的景色，一邊說：

「這世上只有兩種人。我，和我以外的！」

ROLAND's
theory to be at the top

3

「別讓梅西打棒球。」

創業前只要提到社長，就有一個人坐在公司的社長室內，威風凜凜地對員工下指令的印象。

但是，搞不清楚東西南北，就憑著一股衝勁獨立創業而成為社長的我，在成立公司後不久，就深切體會到我與那樣的社長形象差太遠了。

獨立創業雖好，但是完全沒有經營知識的我，每天都有新東西要學，這時才深刻體會到我對經營是多麼地陌生。

獨立創業後，我第一件做的事就是捨棄男公關時代無謂的自尊心。

假如堅持內心相信的事，不管周遭旁人怎麼說，我也會堅持到底，但是只要我覺得是自己的過錯或不足，我就會坦然認錯並接受旁人的意見。

無論上一份工作如何受到好評，但以經營者來說，我只是個一年級的新生。一年級新生應該做的事，不會是緊守著無謂的自尊心，要丟很多的臉，要學習很多的事情。

雖然現在聽起來還是個笑話，不過那時在跟別人洽商時，對方說：

「這是敝公司的電子商務網站……」

而我的反應是：「嗯，抱歉，什麼是『電子商務網站』？」

我至今仍舊清晰記得對方聽到我的問題的反應。

「欸，這個人是笨蛋嗎？」

「因為呀，他以前是男公關……」

真的就是露出那樣的神情。

我當經營者的第一步，就是從不知道「電子商務網站」開始的。

明明是社長卻完全不會用電腦，也無法快速心算出利益率。我對這樣的自己感到心虛。

但是有一天，某位前輩經營者對我說了這樣的話。

「我好羨慕你喲。因為你擁有我沒有的**傳達力**這項強大的武器。」

正因為這位前輩的資歷夠深，也擁有許多我所不足的能力，所以聽到「羨慕」那兩個字，我感到極為意外。然而，也因為聽到前輩這句話，我開始明白**我有我獨特的武器，我只要利用我的強項來決勝負就可以了**。

確實，我的強項並不在於辦公桌上的行政作業，而是**傳達力與管理能力**。如果不加以運用，就只會一直淪陷在不擅長的工作中。

就等於讓梅西去打棒球一樣。

為了彌補自己不足的部分，所以我需要員工。當時我理解到這個理所當然的事實之後，我就只把力氣投注在自己擅長的工作上。

我率先在媒體上露臉以提高自己公司的知名度，如此就能夠減少廣告費。多虧這個做法，我能夠以更便宜的價格提供商品。

我會盡量出現在工作第一線上，設法與員工直接溝通。

男公關時代所培養的**洞察力**在管理員工時非常有幫助。

身為一名經營者，這是非常強大的武器。

我現在運用只有我做得到的方法來當一名社長。人生太短，無法彌補自己所有的缺點。最重要的是懂得利用自己的強項來決勝負。

ROLAND's
theory to be at the top

4

「身邊淨安插些只敢說YES的人，
這是衰退的開始。」

對任何髮型、任何裝扮都只會說「好可愛！」的人，你無法從他的「可愛」中感受到任何價值，所以我平常總會說**「無法說NO的人，其YES沒有價值」**。

許多人從我電視上的風格或樣貌，認為我是絕對的獨裁者。然而，我個人認為那樣的推測是錯誤的。

我絕對不會讓我的部下們去玩沒有B選項的角色扮演遊戲。

正因為我是這個組織的領導者，所以我刻意不在身邊安插只會說YES的人。

可以說，我都安排一些「說NO的人」。有時我會遭到否定，有時也會起衝突，但是我認為這些都沒關係。

一旦身邊都安插一些只敢說YES的人，成長就會在此結束。

我看過許多這樣的人。職位高、資歷深的人經常有這樣的傾向。我打從內心同情他們，「哎呀，這個人已經不再成長了」。我不想變成那樣。我還想繼續成長下去。

ROLAND：「這種形狀不是現在流行的風格吧。坦白說，這樣很俗氣啦。」

員工：「但是我覺得這種古典設計才稱得上經典，討好時代潮流本來就不在我們的考量之內。」

在討論設計的過程中，經常出現這樣的對話。

假如我建立了絕對的君主制度，就不會出現這樣的對話內容吧。

另外，YouTube的製作團隊都是一群絕對不會唯唯諾諾的人。

看我的YouTube頻道的人可能就知道，長年密切合作的主持人特別嚴重（笑）。拍攝的時候，要不是毫不顧及我的顏面提出尖銳問題，不然就是不留情面地反駁我。

即便如此，我還是信任對方，因為他提出的想法合理，也以我所欠缺的敏銳視角看待事物。假如他是那種YES MAN的話，那我的YouTube頻道肯定會淪落成自我滿足又無聊的ROLAND宣傳影片吧。

看了上傳的影片後，我也經常覺得「哎喲，怎麼會用那麼難看的鏡頭啦！」但是，或許正因為是那樣的中立姿態，才讓我的頻道受到那麼多人喜愛（當然，這個頻道不斷散發我的魅力一定是最大、最主要的原因）。

還有，與敢說「ＮＯ」的員工意見一致時，是最令我感到開心的時候。

ROLAND：「這個設計，你覺得如何？」

員工：「哇～這個設計確實不錯呢！很棒。」

像這種時候，我的心情比聽到YES MAN膚淺的稱讚還要高興幾百倍。

當我的頻道主持人對我說「昨天播出的電視節目，真的非常有趣喲」，我就會在內心暗自握拳慶祝成功。

我覺得我現在跟員工們是以一個非常適當的緊張感與距離感共事。

內心深切覺得擁有這樣的員工，我真的非常幸福。

就算聽了很不是滋味，但是為了不要成為穿新衣的國王，我會珍惜確實提出反對意見的人。

ROLAND's
theory to be at the top

5

「若想被誇獎，
就應該居於第二位。
因九十九分而被責罵的是社長。」

我認為**考九十九分而會被責罵的是社長**。
社長以外的員工拿了九十九分會如何呢？會確實受到稱讚。
「表現得很棒！」像這樣獲得讚賞。

然而，若是社長的話，情況會如何呢？
「為什麼少一分呢？」
「你是社長吧？請考一百分啦！」
真可憐啊，社長就會被這樣要求。

剛被賦予領導任務而感到苦惱的人，多半是因為不理解這個道理。
「我都已經這麼努力了，為什麼還得遭受責罵?!」
「都已經做到接近完美的地步了，為什麼沒有人稱讚?!」
會開始有這樣的抱怨。
然而，假如你這樣想的話，那你就應該改變自己的想法。

如果想獲得稱讚，那你就應該居於第二名以下的位置。

部下們是以加分的方式被評分，領導者則是以減分的方式被評分。

就算領導者做到一百分，也只會被認為是維持了本來的一百分而已。

另一方面，由於部下是從零分開始，就算犯錯，分數也不會再低了，只要獲得些許成功，就會加分。

領導者與部下的評分方式是不一樣的。

說來，評分的大前提是高層為稱讚者，而不是被稱讚者。

我們必須先明白這點。

哎呀，看到這裡，就會覺得領導者實在是處於嚴苛又痛苦的位置（笑）。

事實上，領導者確實是位於辛苦的位置上，然而相對地獲得的幸福感也能夠抵銷那些辛苦，這也要在此一併提出。

感受到部下成長的那一瞬間，或是自己的決定直接呈現在組織內的那種開心。

另外，公司達成重大目標的那一瞬間等，都比居於第二位而被稱讚的任何時候還要覺得幸福。

看來我不適合在別人底下工作。

無論重生幾次，我都會以成為頂尖人物為目標吧。

不管有多辛苦，我都想擁有自己的王國，成為組織的領導人。

履歷表永遠不是用來寫的，是我叫別人寫給我看的。

對我而言啦。

ROLAND's
theory to be at the top

6

「假如你是領導者，
就應該讓部下認為我們辦得到！
不可能做不到！
讓部下熱衷於工作！
著迷於工作！」

領導者最需要的才能。

當我被問到領導者需要什麼樣的才能，我總是回答**「提高組織幹勁的能力」**。

若有充分的幹勁，業績就會顯著提升。

無論擁有多少實績或經驗，若無法提升組織的前進動機，就稱不上是優秀的領導者。

因為員工們主動發揮幹勁，更能夠做好工作。

比起被指派「去做！」而被動地工作，自己主動說「我想做！」才能做得又快又好。

所以，我經常思考要如何引發員工的工作熱情。

有一位女性設計師。

她是非常優秀的人才，無奈就是自尊心太強。可能是受這點影響，怎麼樣都無法發揮應有的表現。

所以當我委託她新的專案時，我只對她說一句話。

「我不多說其他的，我只希望妳要向我證明妳是日本第一的設計師。」

在那之前，每次執行專案時，我都會鉅細靡遺地對她下指令，會不會我這樣的做法是剝奪她發揮創造力的最大主因？

若是如此，比起無窮無盡的指示或叮嚀，這樣的一句話是不是更能激發她的創造力與自尊心，工作上反而會有正向的表現呢？

結果，跟以前我給她繁瑣指令的表現相比，她這次充分展現了她的長才。對我的公司而言，她已經是最佳設計師了。

另外，有一次我帶著工作品質低落的員工開著我的法拉利出去兜風。因為我知道他喜歡車。

果不其然，隔天他對我說這樣的一句話。

「總有一天，我也要開那樣的好車。我會在工作上加倍努力！」

然後又回到以前積極的工作態度了。

中學生時代的重要足球賽中，我犯了一個不應犯的錯誤時，足球教練對我說：

「如果是因為你的失誤而輸，那我沒有遺憾。」

比起被大聲斥責，這樣的一句話影響我更多。

我要更努力、更努力成為更好的選手。
這句話讓我強烈意識到自己的目標是帶領團隊，也更激起我的前進動力。
那位教練是我遇到最棒的指導者之一。

好的領導者總是會激勵組織。

我想告訴現在看著這本書的所有領導者。
還有，我也想對立志有一天一定要成為領導者的未來領導者們說：

如果你是領導者，要為組織灌注熱情，激發組織產生動力。

我們辦得到的！凡事皆有可能！
要引導部下產生這樣的想法，讓部下熱衷於工作、著迷於工作。
這正是領導者的使命。

第 4 章

ROLAND的極簡主義

ROLAND's minimalism

ROLAND's
minimalism

1

「因我本身過於富足，
所以我不擁有物品。
我是奢華極簡主義者。」

所謂極簡主義者，就是成為貧乏的人吧？

許多人是這麼想的，不過若要讓我來說的話，正好相反。

正因為貧乏，所以才會想用物品來填補自己。

實際上，如果想買的話，要買的東西是無窮無盡的。

然而，因我本身過於富足，所以我不擁有物品。

硬要分類的話（雖然我討厭被分類），我應該會被列為**「奢華極簡主義者」**而非「質樸極簡主義者」吧。

我的存在本身就是財產。

不需要閃亮的珠寶或華麗的手錶。

我自己就是裝飾品。

簡單的服裝就夠了。

我自己就是名牌，所以經常全身都是高級名牌。跟潮流、季節完全無關。

我不需要物品來襯托我自己。

物品使人感到豐富，帶給人幸福。
雖然許多人都是這麼想的，然而物品所帶來的問題其實也很多。

因為我察覺到這點，所以**我只擁有各項目中最好的一個，除此之外全部丟棄**。
為了以最低限度的物品來過最高級的生活。

如果擁有物品，同時也會產生擔心失去的恐懼。
擔心失去的恐懼會使人變得保守而無趣。
許多人隨著成功的到來，身邊的物品越來越多，人也變得無趣。

說來，如果沒有擁有，也就沒什麼好失去的了。
還有，生活也不會變得凌亂。
因為沒有可變得凌亂的物品，所以就算想變得凌亂也辦不到。

想挑戰什麼時，如果捨棄一些物品，通常就會使人變得大膽而充滿挑戰性。

如果丟棄物品，也能夠經常保持清爽而乾淨的空間。

一邊喝著威士忌，一邊看著只收納一套最好的衣服、最棒的一個物品的高級衣櫃，這樣的威士忌比跟個半調子的女人一起喝的酒還美味。

看著清爽而優美的單一色調客廳，這是最幸福的享受。

我利用空間這個家具取代許多其他的家具。

在寬廣的客廳放置空間，這個家具比其他任何高級家具都還要奢華。

「最重要的是
你不擁有什麼，
而非你擁有什麼。」

衣櫥裡的內容物跟我的大腦是保持連結的。

無論我身在何處，兩者瞬間就可自動連結，就跟藍芽一樣。

以前我擁有許多衣服跟物品時，我的腦袋裡面亂七八糟。不僅不夠果斷，也無法集中注意力。然而，透過捨棄物品，我的思緒變得清晰。

提倡極簡主義的人們也經常提起這樣的現象。

一旦丟棄物品，思緒就會變得清晰。

哪有這種蠢事！這是極簡主義者的宣傳手法啦！你用理論說明看看呀。

如果你這麼認為的話，那我就清楚告訴你。

「說明什麼的，我做不到。」

就像你也無法明確說明iPhone結合電子產品的構造，我只能說「就是這麼一回事」。

但是，我可以明確地告訴你，不只是衣櫥，連皮夾、房間、手機裡的東西，**都時時與我的腦袋保持連結狀態**。

你試試看應該就會明白。捨棄物品是多麼能夠幫助你的頭腦變清晰。

還有，你也會明白減法有多麼困難，多麼重要。

因為人總是習慣以加法過日子。

然而，**最重要的並非你擁有什麼，而是你不擁有什麼。**

所以，我現在**完全是過著減法的生活**。

無論是衣服、物品、家具或家電等，**我都先全部丟棄**。

怎麼樣都無法捨棄的具有紀念價值的東西，就在老家建立一個自己的「博物館」，把這些東西收藏在那裡。同學寄來的集體簽名書畫或紀念品等，都展示在那個地方。這樣一切都解決了（斷捨離之際，許多人經常苦惱著不知該如何處理具有紀念價值的東西，建議這樣的人要建立一個博物館作為暫時存放之處）。

先一度全部丟掉，再分別重新買回對自己而言最棒的一個。

我的團隊裡不需要候補隊員。

比起擁有多位實力一般的選手，我認為各個位置只要有一名實力最強的選手就夠了。這樣建立起來的就是一個極精簡且精銳的超夢幻隊伍。

現在我之所以能夠只聚焦在珍貴的事物上，能夠重視當下的那一瞬間，謹慎過著人生的每一刻，都是**因為我不擁有全部的東西，只以最低限度來過最高級的生活之故**。

與其被滿坑滿谷的垃圾圍繞，我還比較希望完全使用唯一且最棒的物品來過日子。

如果只擁有對自己而言最棒的東西，每天就能夠做出對自己而言的最佳裝扮。

每天能夠使用最頂級的物品，不用煩惱該怎麼選擇。好處說不盡。

「我沒有錢買那麼好的東西！」

會說出這話的人如果不買身邊的那些垃圾，應該就買得起高品質的東西。

比起吃下一堆魩仔魚，享受一尾鮪魚更令人感到滿足。

那樣其實才是浪費。

ROLAND's
minimalism

3

「任何方便性
都敵不過美麗。」

進行斷捨離時，皮夾內、手機內也都斷捨離了。

集點卡或許真的很划算。

然而，只要想到打開皮夾就會看到塞爆又凌亂的狀態，就會思考這樣真的划算嗎？

每次看到凌亂的錢包，壓力的集點卡就又累積了一些壓力點數。

在那樣的壓力集點卡集點的話，換得的就是無盡的爭吵與糾紛。

這也太方便了吧！

所以，我**丟掉皮夾裡不知不覺放入的所有集點卡，只留一張信用卡，其他的都解約**。

幾乎所有交易都以信用卡結帳，所以不會有零錢產生，若有零錢，我就會投入募款箱，或是送給店員當小費。

比起拿著嫌麻煩，我認為那些做法更有意義。

只放一張卡片與整齊紙鈔的皮夾看起來很美。

或許我會損失一些點數或幾枚硬幣，但是使用看起來有質感的皮夾，以舒適的心情生活、工作，這麼做所獲得的好處會比失去的硬幣或點數多上數倍。

比起擁有任何集點卡，這樣的生活更有效率。

還有，我最討厭插座的電線了。

對我而言，電線是美的反向呈現。

所以我不使用熱水壺，而是用一般水壺煮熱水泡咖啡。

床頭燈使用的是蠟燭。

雖然多少有些不便，但這些都是無線的用品。

無論是多方便的家電，如果看到電線，我就絕對不買。

無論有多方便，都抵不過美的呈現。

智慧手機的內容也是一樣。

我刪除了大部分的應用程式。

集點型的應用程式雖然方便，也是看了傷眼的東西。

資料夾裡的相片，上傳社交軟體後就立刻刪除。

我從來不存相片，資料夾裡通常都是空的。

手機裡左右對稱排列的應用程式都是「APPLE標誌」。

雖然稍許不便，不過我的iPhone桌面是世界上最美的（146頁有相片，請觀賞）。

不不，你是因為金錢上比較寬裕，所以才能那樣斷捨離吧！

或許有人會這樣反駁，然而我認為只有貧乏的人，才會用收據或搞不清遊戲規則的集點卡塞滿皮夾，或是用物品把房間填塞得凌亂不堪。

並不是因為富足所以能夠捨棄。

是因為能夠捨棄，然後才變得富足。

ROLAND's
minimalism

4

「真正重要的東西其實沒那麼多。」

現代的資訊實在是過於氾濫。

在這樣的世界當中，如果沒有針對資訊設定一個明確的篩選條件，就會不知道要相信什麼。

所以，我**盡量不相信非自己親眼所見的事物**。

比起聽人家的傳聞、看社交軟體的頁面，實際與人接觸會更了解對方的為人。

就算你給我看Google Earth裡顯示的景物，除非自己親眼見到，否則對我而言那些景色就跟不存在這世界上一樣。

任何稱讚或批評，除非是當著我的面說，否則完全沒有參考的價值。

還有，**我也會有意識地珍惜留存在腦中的記憶**。

姆米谷故事裡，姆米的好友司納夫金曾經說過這麼棒的一句話。

「如果什麼都要納為己有，什麼都要帶走的話，事情就會變得複雜。我只會用眼睛看。然後當我離開時，我會把這些東西都收進我的腦海中。」

（《姆米谷彗星來襲（朵貝．楊笙經典童話1）》，朵貝．楊笙著）

確實就是如此。

用眼睛看，收進腦中，想看時就回想起來。這是多麼浪漫又簡單的生活方式呀。

你是不是有過這樣的經驗，如果回顧相片、影片，回憶會一下子變淡？

這充分說明我們的腦袋會為我們保管最美的回憶。

說來，如果不看相片就回想不起來，表示這回憶沒那麼重要。

因為我還無法完美地過那樣的生活，所以我自己也會不知不覺就想拍照免得自己遺忘，或是會拍下景物上傳社交軟體（當工作告一段落，總有一天我也想要捨棄社交軟體）。

只相信親眼所見的事物，只珍惜留存在腦海中的記憶，若是忘了就算了，當我有意識如此切割過生活之後，我的人生就變得非常輕鬆了。

人類光靠記憶所及的回憶與人際關係即已足夠，身體也只有一個，只要有一套衣服可穿也就足夠了。

放掉手機。

以一張信用卡、一套衣服環遊世界。

這是我自己的人生中，一定想達成的夢想之一。

首先最適合現在做的，就是努力達成放掉手機的這個夢想！

ROLAND's
minimalism

5

「使用已用過的牙刷，
就跟舔前一天
吃過的糖果一樣，
不衛生。」

只擁有一個最棒的物品，並且全心全意與之相處。

品質好的東西，用越久越能展現其獨特的魅力。

無論是皮鞋、手錶、背包或西裝等，比起剛買的時候，現在更散發出其獨特的魅力。

然而，還是有例外的東西。

只使用一次就會丟掉的，牙刷。

牙刷越用越散發出味道，更顯現其魅力……沒有這回事，越用只會越劣化。

以我個人的觀點來說，使用已用過的牙刷，就跟舔前一天吃過的糖果一樣，不衛生。

每天都用新的牙刷，就能夠每天使用牙刷最好的狀態。

我的潔白牙齒就是這樣維持的。

內衣類的衣服也一樣。

所有內衣褲我都準備三套，但是每兩週就淘汰一批。

外套若常穿就會展現出個人風味，內衣好像不會。
內衣太常穿會變得皺巴巴而失去魅力。
穿著皺巴巴的內衣工作，無法提升工作幹勁。
所以，無論是襪子、內衣等，每兩週我就會全部汰換一批。

還有，棉被也是一樣。
我一個月就會換一床蓋的被子。

就算棉被外面套著被套，用越久就越覺得不衛生。
我並不是有潔癖的人。
再怎麼說棉被有內套，但是整整一個月每天好幾個小時都套著的棉被套，各位不覺得很髒嗎？

就算送洗，送洗期間也需要另一床棉被，所以也一定需要兩床棉被替換。

基本上，管家幫我包辦所有家務，考慮到處理這些瑣事跟擁有兩床棉被的麻煩，一個月換一床新棉被是最有效率的做法。

這樣我睡覺總是能夠使用狀態最好的棉被。

假如養成日用品用完即丟的這種極簡習慣的話，就能夠從日用品的管理中解脫，也經常能夠使用狀態最好的物品。

順帶一提，考慮各方的建議與環保，我最近也開始使用竹製牙刷，在此一併告知。

ROLAND's
minimalism

6

「從高樓丟下酒杯，
酒杯會變得粉碎，
然而鳥的羽毛
卻只會優雅地飛舞著。」

當擁有的物質變少，心理上就變得輕鬆。

如果想出門旅行透透氣，打包只要花十分鐘就可解決。
只要腦中浮現想出門的念頭，隨時就可行動。
光想到這個，內心就感覺非常自由。

實際上，我偶爾也會為了轉換心情而不決定目的地就出門。
路上再決定目的地與投宿地點就可以。
有什麼東西沒帶到的，半路上買就可以。
這樣的旅行也是自由又輕鬆。

另外，我也會為了改變心情而找家飯店長期住宿，在飯店裡生活。
偶爾改變一下環境，工作也會有所進展。
這時的行李，就僅有一套衣服與一張信用卡。
完全沒有問題。若是高級飯店，幾乎什麼東西都會幫客人準備。

能夠那麼地輕鬆，也是因為我僅用少少的物品過生活的緣故吧。

爬得越高，就越擔心會跌落下來。這是許多人的心聲。

確實，如果從高樓丟下一個玻璃杯，玻璃杯會摔得粉碎吧。

然而，若是如鳥的羽毛般輕巧的話，就算跌落下來也只是優雅地飛舞著。

所以我會盡量把金錢花在獲取知識與經驗上。

具有實體的物品就有失去的風險，但是到目前為止所累積的知識與經驗，是任何人都無法奪取的財產。

就算擁有太多的經驗與知識，也不會失去一身的輕鬆。

「萬一，您失去現在所擁有的財產，您會怎麼辦呢？」

偶爾有人會這樣問我。不過我認為就算我現在身無分文，我也一定能夠再次站起來獲得成功。

因為我擁有爬到這個地位所累積的知識與經驗。

只要有了這些，重來幾次都行。

再說一次，我已經不再害怕跌落與失去了。

說到底，**其實最怕的是飛到一半的時候**。

突破雲層、穿越平流層，進入太空之後，就已經是無重力狀態了。

我擔心的不是跌落的可怕，而是宇宙永無止盡的前進。只有這個！

※順帶一提，太空人也是有體重限制的，在此一併記下來（保持身體的輕巧還是很重要的呢！）

ROLAND's

minimalism & digital detox

ROLAND HOUSE
ROLAND HOUSE

STOCKMAN
CHRISTIAN ROLAND

PATEK PHILIPPE
GENEVE

The
MACALLAN
12

ROLAND
HOUSE

ROLAND
OFFICIAL

ROLAND
GROUP HD
AMERICAN EXPRESS

第 5 章

ROLAND的數位排毒

ROLAND's digital detox

ROLAND's
digital detox

1

「人們太依賴手機了。
臨死之前，眼前的人生跑馬燈
應該會出現手機畫面。」

在「手機是命！」的時代中，我就如文字所示，大概每隔一分鐘就會確認一下手機。

這也中毒太深了吧！

就算是用餐中、跟人說話時，也經常在意手機的訊息而不斷確認。

確認訊息一分鐘後，又忍不住想再看一下手機。

「看十次就不會想看了。」

若是這樣的話，那我就放任自己看個十次也沒關係吧。

但是很遺憾地，這樣的欲望卻永遠不會感到滿足。

就如同無論怎麼被消滅，都會一再復活的病毒。

當自己回過神來，才發現一天怎麼就結束了。這樣的日子一點也不稀奇。

檢視Instagram時，LINE的通知進來，看完LINE後，又忍不住點開LINE的新聞內容……

好吧，來查一下Google吧！查詢Google時，看到廣告剛好出現自己喜歡的鞋子，然後就下單購買，對了剛剛Instagram還沒看完啊，再點進去看一下吧……

落入這樣的無限循環。

現在想想，簡直就是地獄。

假如我在那時候死掉的話，臨死前看到的人生跑馬燈，應該幾乎都是手機畫面吧。

我與母親的美好記憶。

成為第一名男公關的那個晚上……

LINE的新訊息通知。

Amazon的廣告「買這個商品的人也買了這個商品」。**咦？**

Twitter的畫面……**咦？**

我的人生到底是怎麼回事？

應該是腦中一邊這麼想，一邊嚥下最後一口氣吧。

我對於那樣的生活感到極為疲累。

那時，我聽到了**「數位排毒」**這個名詞。
關於這點，我將從下一篇開始詳細介紹。

ROLAND's
digital detox

2

「我不會
成為手機的奴隸。
決不會!!」

我決定要進行「數位排毒」。數位排毒不僅對心智狀態，也對身體狀況帶來正面的影響。

那麼，我來告訴各位數位排毒的具體方法吧。

我使用的方法是iPhone內建的**「螢幕使用時間功能」**。

自己先決定指定的應用程式一天可使用的時段，若超過設定時段，那天就無法再使用該應用程式；另外，也可以釜底抽薪，設定不能使用iPhone的時段。**為了追求便利而使用的iPhone，卻特意內建一個造成不便的功能**，這聽起來實在很爆笑，但是我相信這世上也一定有許多人跟我一樣，想把iPhone放在一旁，過更有意義的日子且為此而感到苦惱吧。

總之，這樣的功能對我而言是劃時代的設計。

我毅然決然設定**「半夜三點到下午三點」**完全不使用iPhone。

也限定各應用程式的使用時間，例如一天只能使用Instagram三十分鐘、Twitter三十分鐘、LINE六十分鐘、Google三十分鐘。Safari與App Store則設定完全無法使用。

為了讓自己無法解鎖，所以做這些設定時，我請我信賴的員工幫我輸入密碼，事先約定就算我出現戒斷症狀問他密碼，也不能說出密碼。

這些行為寫出來看起來像是笑話，不過**我以前真的為了手機成癮的問題而煩惱不已**。

一開始每每到了限制使用的時間而無法使用應用程式或手機，內心就會感到焦躁不安，擔心是否有新的訊息進來，沒想到過了約一星期的時間，我就開始習慣，以前滑手機的時間都改成閱讀、健身或是看電影的時間。

這麼一來，我的身體狀況比以前好，心靈也覺得變輕鬆了。

一天結束前難以形容的負面疲勞不再出現，也感覺每天都過得非常充實。**對我而言，我又回到人類的正常生活了**。

不想被雇用而獨立創業的我，以前不僅是被雇用，也是一個手機的奴隸，現在想起來真是可怕。

對了，我開始進行數位排毒已經三年了。LINE的使用時間依舊是六十分鐘，不知不覺

Instagram的使用限制變成十分鐘，Twitter只剩下令人驚訝的一分鐘。

當我外出旅行時，我會把智慧型手機留在家中，主要的聯絡工具是傳統手機。

後來，我也跟abrAsus公司聯手開發「能設定時間鎖住手機的小盒」。

在外用餐時，經常看到情侶各自默默地滑手機的景象。

另外，也聽過考生哀號著自己總會不知不覺被眼前的手機吸引，無法集中注意力念書！

像那種時候，只要把手機放在那樣的小盒裡二～三個小時，這段時間就能夠脫離手機的誘惑了。

以前連等電梯的數十秒都捨不得浪費，總會從口袋拿出手機來看的我，希望各位也能跟我一樣體會到**數位排毒的好處**，忍不住就開發了那樣的商品。

或許有人會笑我落伍，但是我的日子過得比以前還要更加、更加地充實。

假如你有社交軟體、手機成癮症，也對此感到厭煩，而且也想改變那樣的自己的話，希望你一定要試試ROLAND的數位排毒方法。

ROLAND's
digital detox

3

「對我而言，
最奢侈的就是
『放下手機去旅行』。」

放下手機去旅行。對我而言這就是最幸福的時間。

以前的旅行，我總是會在移動的過程中滑手機，為了拍照而去觀光景點，抵達飯店後檢查一下電子信箱，整個旅程都在做這些事。

當然，這種旅行有這種旅行的樂趣。但是在回程途中，也經常覺得好像比出發前還累啊……

所以，當「數位排毒」已成為日常的某一天，我毅然決然放下手機出門旅行。

如果沒有手機，旅行到底會變得如何呢？我對這點感到好奇。

結果，腦中浮現各種發現與想法。

從車窗往外看的景色，是如此美麗。

富士山就在眼前，表示現在大概已經到了哪裡了吧？之類的。

太陽漸漸下山了。之類的。

腦子裡想著這些事是非常有趣的。

雖然這樣講有些極端，不過**讓人感覺自己確實活著**。
從車窗看到的景色，比手機小螢幕顯示的任何影像都還要漂亮。

抵達目的地之後，也有新發現。
搭計程車前往飯店的途中，如果是往常，我就會趁這個空檔檢視電子郵件，但是反正我也沒帶手機。
乾脆問問司機有沒有建議的觀光景點。

「如果是〇〇的話，那就一定要去〇〇呀！」
「然後，那附近有家〇〇居酒屋，那是當地人常去的地方，真的非常好吃喔！」
就像這樣，司機都會熱心提供資訊。
連Google沒有的資訊也會一併提供。
雖然路程很短，但是與那樣的司機的對話也是非常開心的。
或許以後不會再相遇，但是那短暫的相會，也是旅行才有的浪漫。

抵達飯店後，為了徹底遠離電子產品，我會請服務生把電視的遙控器拿走。

擺脫現代科技，一個人悠閒在飯店度過，這是非常奢侈的生活。

輕鬆用餐，用房間裡的信紙寫信給母親。

那樣的旅行，是幾年前的事呢？

對我而言，那是到目前為止感到最充實的一趟旅行。

ROLAND's
digital detox

4

「記不得你
並非我的錯，
而是讓我記不得你的
你的錯。」

首次放下手機出門旅行。在那次的旅行中，我在隔日的觀光景點完全沒有拍照，只是單純看風景而已。

非常諷刺的，比起我以前所拍的任何景物，那次旅行的風景反而鮮明地刻印在我腦中。

若要說的話，有一次緊張到忘記跟某位藝術家一起自拍的那個記憶，我至今仍然清晰記得，完全不輸給任何高畫質相片，沒有手機的兒時回憶，也可清楚想起。

我到目前為止，到底看了些什麼呀？不，好像看了些什麼，但其實什麼都沒看到。

總有一天再看相片回味就好。腦中這麼打量著，結果拍了一堆不怎麼會回頭看的相片。因為隨時都能夠回頭看，所以不會在腦中留下記憶，只是不用心地看著景色。

現在的人們，無論發生什麼事都會先拍照。

在YouTube看到鋼琴家在戶外演奏的影片，一旁的觀眾宛如遵守規則般地都拿起手機攝影，透過手機畫面看演奏。

如果重新看那段影片，連人們的那種行為我都覺得可怕。

實際上，當我出現在眾人面前時，也有許多人會拿著手機對著我拍。

當然啦，我也明白大家的心情。我想大家也是想多了解我才會這麼做，如果孔子或拿破崙出現在我面前，我也一樣會高喊著「請跟我一起自拍！」（笑）

但是，一年半前我請西班牙足球選手塞爾吉奧．拉莫斯跟我一起自拍後，我就再也不跟人自拍了。

因為我想把真正重要的那一瞬間刻印在心中，而非相片上。

看到令人讚嘆的絕美景色時，與最喜歡的人相會時，**如果有那樣的事實即已足夠，那樣的事實更珍貴。**

因為比起資訊等無機物，那些事實擁有更珍貴的價值。

還有，真正重要的事是不會忘記的。

你可曾在早上起床後，忘記了自己的名字或家人的臉？

忘記如何走路？

會忘記的，是因為那些東西對你而言沒那麼重要。

記憶是執行最徹底的極簡主義者。
可有可無的東西，它會自作主張丟棄。

曾經有段時期，我對於記不得別人的名字感到很不好意思，但是現在我再也不會在意非得記住對方不可。因為對我而言，如果是真正重要的人，我是不會忘記的。

電腦或手機的容量越來越大。

收納可有可無的物品的垃圾箱也越來越大。

這樣實在很沒有意義，我真的這麼認為。

我只珍惜留存在我腦中的記憶，而且這樣的生活也沒有不好。

如果這本書能夠留存在你的記憶中，那就是我至高無上的榮幸了。

ROLAND's
digital detox

5

「充耳不聞。」

正在看本書的你，假如正煩惱著別人對你的毀謗中傷，正在看本書的你，假如稍有名氣，請不要錯過本單元。

大人們都會告誡我們——

「要學會聆聽」。

然而，我要大聲跟你們說：

正因為身處這樣的時代，所以應該

「充耳不聞」。

現在的社群軟體是如此普及。

假如你稍有名氣，你馬上就會知道世人對你的評價如何。

雖然方便，但是相反地也有許多人擔心這點。

也有人因此而自尋死路。

每每看到那樣的新聞，就感到非常痛心。

心想假如能夠在他們生前相遇，我就會帶著他們在酒吧徹夜狂飲，也一再讓他們知道我對於那些評論向來都是「充耳不聞」。

或許可以透過所謂的「網路自搜」方法來了解世人對自己的反應，並運用在工作上。

但是，**我現在決定絕對不做所謂的網路自搜。**

當我開始以男公關身分聞名時，有段時期曾經透過留言看到別人對我的批評，也感到非常痛苦。

也是因為我接客很有自己的個性，所以就處於所謂的「被攻擊」狀態。

留言中也有許多善意的意見，但是比起十個善意評論，一個負面批評更容易留下印象，真是奇妙。

還有，看了十個留言，就會不知不覺以為那是十個人的意見。

明明有時候是一個人寫了十個留言。

一旦眼前看到匿名寫的十個負面留言，就會產生被十個人否定的絕望心情。

就這樣，我在潛意識中就會以避免遭受批評的安全言行接待客人。

感覺自己跟別人越來越像，成為沒有特色的人。

一旦過度採納別人的意見，最後就只能做出與別人相同的事。

所以，為了讓自己具有獨創性，就必須盡量避免聽到周遭不必要的意見，**重要的就是「充耳不聞」**。

除了與我面對面所提出的批評之外，其他所有意見都沒有採納的價值。

無論是批評的言論，或是出於善意的意見都一樣。

這是我由衷的想法。

ROLAND's
digital detox

6

「也有不戰鬥的戰鬥方式。」

在匿名的世界裡，任何人都可能成為天才格鬥家。

匿名者就算被揍也不會痛，光靠指頭敲打鍵盤就能使出必殺技。

也有人覺得自己變得非常強大。

另一方面，實名者則是實實在在以肉身攻擊的狀態。

匿名防守者所受到的傷害頂多就只是指頭疲勞而已，但是實名的肉身對抗者則是身心都受到傷害而感到身心俱疲。

假如你過去曾經匿名攻擊過誰，我也不打算責備你，我只希望你能夠記住，以實名肉身面對你的那個人受到的傷害有多重。

因為本書的「前言」也提到，比起任何兵器，有時傷人最深的是「話語」。

我經常聽到不會被反對、誹謗打倒的方法。

那時我都會先這樣回答。

「無論任何比賽，不敗的唯一方法就是不戰鬥。」

因為有「不戰鬥的戰鬥方式」。

對我而言，不做網路自搜絕不是為了逃避現實，**而是以不戰鬥的這個方法面對戰鬥。**

對方無法打敗不跟他對打的對手。

對於好勝心強，或是自尊心強的人而言，這種不打的打法感覺像是在躲避，或許也不願意這麼做。

但是，帶著武器跟網路上的人戰鬥，真的有意義嗎？

在這個數位世界中，我拚命與資訊保持距離，我認為比起他人的評價，以自己為中心生活的人更高貴，也更有勇氣。

我絕不是逃避的膽小鬼。

因為不做網路自搜也是非常辛苦的。

最後，當你為無情的毀謗中傷所苦，不知該如何是好時，請不要客氣，儘管來找我談。

我一定會不斷肯定你，不斷告訴你**「充耳不聞」**，直到你接受為止。

假如你為不負責任的留言所傷，**無論發生什麼事，這本書，還有ROLAND都會是堅定支持你的隊友，切記！**

第 6 章

ROLAND的生存方式

ROLAND's own way of life

ROLAND's
own way of life

1

「能夠追求
浪漫或自尊，
是人類生來就擁有的特權。」

百獸之王，獅子。

就如「位於食物鏈的最上層」所形容的，居於動物界的王者地位。

如此高貴的獅子，在其空腹時投以肉塊，也會不像樣地爬過去吃吧。

然而，就算處於相同情況，**能夠做出「自尊更勝於空腹」選擇的，就只有人類了**。

因為太過堅持「獲勝」，假如不講究「獲勝方式」的話，難看地爬過去吃肉也就跟一般的動物一樣。

所以，我總是堅持要帥氣地戰鬥、帥氣地獲勝。

若要難看地獲勝，還不如淒美地失敗。

另外，獅子看到肉塊當前，比起現在吞嚥下肚，不會為了想一邊用餐一邊觀看草原上美麗的夕陽，享受美好的用餐時光，而先忍耐著飢餓，也不會因為食用受傷的斑馬有違百獸之王的美學而予以放過。

動物無法感受浪漫的氛圍。

能夠追求浪漫的，是人類生來就擁有的特權。
所以我總是會重視日常生活中的「浪漫」。

用餐時，有意識地悠閒品嘗餐點。
用餐跟聽音樂一樣。
任何優美的音樂用快轉或大聲聽，都會糟蹋這音樂。
狼吞虎嚥或囫圇吞棗也是一樣。

滿月那天，我一定會仰望夜空。
只有人類才會感受到所謂的美。
我不想仰望別人而努力至今。這樣的我唯一仰望的，就是那一輪明月。

現在你之所以感受不到日常的浪漫，是不是因為你都在跑步機上跑著，而人生只是為了不要從跑步機上跌落下來吧。

是不是為了錢而放棄自尊呢？

希望你再度捫心自問。

假如你為了錢而捨棄自尊及其他任何東西，**把人類所感受到的喜悅都換成金錢的話，唯有這部分請你務必要確實保留下來，不要換錢**。因為那是比金錢還更有價值的東西。

如果日常生活中感受不到浪漫，希望你能仰望明月，或者就算不懂，也總之去一趟美術館看看。

因為，看到什麼東西而感覺美的，是你生來就擁有的特權。

要珍惜你的自尊。
要珍惜你的浪漫。

ROLAND's
own way of life

2

「如果地位越高越帥的話，
那麼最帥的服裝就是太空裝了。」

我不會根據地位選東西。

因為我自己本身就能感受到身分地位。

我所擁有的物品中，確實有幾樣的價值比市場價值高。但是我絕對不是為了突顯我的地位而買，而是因為喜歡而買，僅此而已。

我沒那麼在意貴或便宜，只要是喜歡的，就買，不中意的，就不買。

地位什麼的，我現在已經不在意了。

說到底，根據地位挑選物品的人是對自己沒有自信的人。

所以才會「想要擁有更昂貴的東西！」「想要擁有更高檔的東西！」

雖然說起來有點丟臉，我以前也是這樣的人。

正因為自己不是有魅力的人，所以會想利用物品來掩飾自己。

看不出物品本身的浪漫或價值，只是一味地追求地位來選擇物品。

不以自己本身的魅力決勝負，比起自己喜歡的風格，穿著更華麗、更昂貴、更耀眼的衣物以突顯自己的存在。

這顆戒指值幾百萬日圓，這條項鍊世界上只有三條……就像這樣。

比起談論自己的夢想或價值觀，一味地說明自己的寶石的細節，搞得自己像是珠寶店的店員一樣。

然而，比起被稱為「穿著〇〇的ROLAND」，我認為無論穿何種名牌服飾，被稱為「ROLAND所穿的〇〇」的男人更帥氣。

只被記得穿著什麼服飾的人就如櫥窗中沒有臉的模特兒一樣，非常可悲。

還有，假如地位越高就越帥氣的話，那麼世界上最帥氣的服裝就是太空裝了吧（笑）。

「『我的朋友』很厲害吧」，或是「『我的年收入』有多少」等等。

許多人描述自己的魅力時所用的主詞，都是自己以外的什麼東西。比起這樣的人，**你不覺得能夠說出自己本身的魅力的人更帥氣嗎？**

對年輕女孩子炫耀高級手錶。

「這錶，妳覺得要多少錢？」

假如要做這種世界上最無聊的猜謎，還不如把那個高級手錶砸到牆壁上。

「我太想跟妳在一起，所以我把時間停止了。」

展現這樣的豪邁不是更帥氣嘛。

隨著自信的增長，我身上的配飾也越來越少。

比起想讓別人怎麼看自己，現在變得更重視自己想成為什麼樣的人。

裝扮也改成黑色而簡潔。

一定是我本來喜歡的打扮就是如此，而非華麗、亮眼的裝扮。

最美麗的圖畫不需要華麗的畫框。

因為比起畫框，我更想讓別人看到我、了解我。

自信是勝過任何珠寶的最佳飾品。

ROLAND's
own way of life

3

「現在拍手還太早。
先安靜聽我說。」

山崎康晃（日本職棒橫濱DeNA灣星隊）獲得救援王稱號的二〇一九年球季結束後。

我與山崎一起用餐。

在該球季他的表現優異，也擔任日本代表隊的救援投手，年薪足足超過三億日圓。無論是名或實，都是日本最棒的投手之一。

我跟他高中三年都是同班同學，我們是從學生時代起就會一起談論夢想的好朋友。我們久別重逢，開心聊起學生時代令人懷念的往事、球季中各種祕聞，以及我最近的工作狀況。

在這當中，我突然問這位成為日本球界頂級明星球員一個問題——

「你感覺自己成功了嗎？」

對於這個問題——

「我這樣還早啦。我還希望有更進一步的發展呢！」沒錯，他以笑顏這樣回答我。

聽到這樣的回答，你以為我會覺得感動，這傢伙從以前就是這麼謙虛的男人……其實並沒有。

這個男人完全就是個驕傲而野心勃勃的人？沒錯，沒想到我打從內心感到敬佩的竟是這點。

回顧以前的學生時代。他就算獲選常規球員、身上穿著王牌背號，也都會這樣說：

「像我這樣，還要努力才行。」

當時包含我跟其他人，都以為他是因為謙虛才這樣說。不過，我現在清楚地明白我們當時的想法都錯了。

把那樣的說法稱為謙虛的人，一定不會成功。他一點也不謙虛。

在當時，他是我們班上最驕傲，也最有野心的人。

大體上，一般男人如果達到某種程度的成績，就會感到滿足。

例如「這樣已經足夠了！接下來如果能夠維持住就太好了。」

然而，就算他達到這樣的成功，眼睛還看著更遠大的目標。希望更進一步、更進一步登上更高的舞台。

感覺就像看到一個人吃完全套的晚餐後，又點了一整套的套餐。對他而言，一定永遠沒有「維持現狀的甜點時間」吧。

這樣的野心與驕傲，才是他成功的理由。

當時，我的公司正步上軌道，內心也開始覺得滿足，這件事強烈振奮我心。

從那之後，每每受訪被稱為成功者時，我都會回答「我還早得很呢」。

我這不是謙虛。我只是成為更驕傲的野心家。

天才歌手不會喜歡歌唱結束前聽到拍手吧。我也一樣。

雖然明白這是好聽的歌聲，但是請安靜聽我唱歌。**要拍手，還早得很。**

我一定會達到更成功、更成功的目標。

因為，我們現在還在第一段的主歌而已。

ROLAND's
own way of life

4

「持續的訣竅，就是持續。」

「習慣是由自己養成的」，通常勵志書籍都會這樣寫。

那麼，到底要如何把某種行為轉化為習慣呢？

如果你有這樣的疑問，那我就送你這句話吧。

「持續的訣竅，就是持續。」

聽到這句話的人，大概都會露出一副「這個人在講什麼啊？」的神情，不過經我說明之後，就會明白了。

假設你現在參加馬拉松比賽，但跑了最初的五百公尺腳就痛了，這時你可以毫不猶豫地退賽吧。

因為只跑五百公尺，所以感覺損失也不大。

但是，假如你已經跑了四十公里進入最後階段才腳痛的話，你會怎麼做呢？

想必你就算拖著痛腳，也會跑完最後的兩公里吧。

你應該會想，都已經快接近終點了，就算腳痛也要跑完全程。

總之，越是持續，越能夠塑造不容易放棄的環境。

總是很難持續做完一件事而感到苦惱的人，真的沒有必要為此而感覺沮喪。

因為，持續最難的，是開始著手進行的那瞬間，因為那是很容易就能夠放棄的環境。

你認識的人當中，有人能夠長年堅持某件事，其實也是偶然地能夠跑完最初的五百公尺，然後不知不覺就突破二十公里，回頭一看，或許才發現已經快接近四十公里的地方了。

就算是持續，剛開始進行三天與已經持續三年的人，難易度完全不同。

越是持續，越能夠樂在持續當中。

明白這點之後，是否感覺輕鬆一點了呢？

就算一開始感覺吃力，只要越過這個階段，不斷持續，也就變得輕鬆了！

當你這麼想，是不是就看見希望了呢？最開始的階段是最應該努力的時候。

「即便如此，我還是沒有自信能夠持續！」對於這樣的人，我會建議採取**「投入龐大期初成本」的方法**。

例如買齊昂貴的訓練裝備、購買高價的教材等。

高價的東西不僅材質好，也會讓你產生「都已經花這麼多錢，不能半途而廢！」的心情，也就成為持續的主因之一了。

如何呢？比起閱讀此單元之前，是不是感覺更能夠持續做些事情了呢？

若是如此，那就太好了。

持續的訣竅，就是持續。

開始著手進行某事時，請一定要想起這句話。

ROLAND's
own way of life

5

「男人運差就跟
不良少年會去
後段大學一樣。」

經常有女性會跟我抱怨：「我的男人運真差呀！」

相信你身邊也會有一、二位哀嘆著男人運不好的友人吧。

搞不好，妳自己……就是如此也說不定。

嚴格來說，**「渣男會靠近妳，理由就跟不良少年會進後段大學一樣」。這不是運氣的問題，這是必然會發生的事實**。

因為如果自己變得更有魅力，應該會有許多更棒的邂逅機會。

對於嘆息「公司裡都是一些沒用的員工！」的社長，也可以說相同的話。

哈佛大學畢業的人，真的會去超商找打工的工作嗎？

說「公司裡都是一些沒用的員工！」就等於說「我們公司是沒有價值的公司！」

首先，應該檢討自己。

身邊的人就是反射自己的鏡子。

以前就經常聽到這樣的說法，確實如此沒錯。

沒用的男友如實映照出沒有自信且自我肯定感低的自己。
沒有自信的人就算跟好男人交往，也會擔心「我真的夠好嗎？」「這個人，就算不跟我交往是不是也無所謂？」而惶惶不安。

若是如此，還不如依靠渣男比較能夠獲得自我肯定，也感覺更輕鬆。
而且，也誤以為這樣的自我肯定感就是愛情。

另外，也有人總是會把情人變成渣男，正是所謂的「渣男製造機」。
理由多半是付出太多。
因為我魅力不足，所以對方總有一天會離開我吧……像這樣只是透過無盡的付出來彌補對自己所缺乏的自信。
當然，我認為付出是美好的。
但是全然接受無理的任性要求，無法強硬說出希望對方需要改進的地方，只是一味克制自己的想法，這可不是愛情。這也稱不上是無盡的付出。

若總是這樣做的話，男人就只會變壞。

有事隱瞞的男人不屬於「得手的魚不給餌」的生物，「得手的魚連水也不給」，這才是男人會做的事。

別說是餌了，連水槽都不肯放水。

如果讓女人放心，她們就越明亮，但是如果讓男人越放心，他們就越黯淡。

說到最後，男人要適度地放任不管，讓他們懂得回頭來追求，這才是剛剛好的力道。

當然，我不否認戀愛有各種不同的形態，但是我希望妳要明白，無論是渣男靠近或是好男人靠近，都是有理由的。

ROLAND's
own way of life

6

「愛，最能夠
阻止不良行為。」

成為社長之後，我才更明白「愛」的重要性。

很多人來跟我聊育兒的煩惱。其中最令我印象深刻的就是兒子不斷誤入歧途，做父母的已經不知該如何是好了。

對於這樣的父母們，我想問一個問題。

那個問題就是，你覺得你的孩子打算做什麼壞事時，腦海中會浮現你們的臉嗎？

我在學生時代，可說是非常認真學習的學生。至今都不曾誤入歧途，也沒被輔導過。

如果回頭想想，我父母也不算是管教特別嚴格的家長。

當然我也曾經有過想做壞事，或是差點忍不住誘惑的時候。

然而，那樣的時候，我腦中就會浮現雙親悲傷難過的臉，當然也就會打消念頭。

任何人都有差點走錯路的時候。

但是，那時**你腦中是否會想起幾位不想讓他們失望的人呢？**

愛，最能夠阻止不良行為。

男公關俱樂部裡的員工，有不少人都是家庭環境複雜的孩子。

在這當中，也有不少人在學生時代誤入歧途，給身邊的人帶來麻煩。這也是公關業給人負面印象的一部分。

這些孩子們在年幼時期無法得到充分的愛情，在即將脫離正軌的那當下，腦中也沒有浮現任何人的臉吧。

然而，我認為**只要給這些孩子們滿滿的愛，而不是以恐懼或規定來束縛他們**。

「啊啊，我差點被誘惑。」

「但是假如我這樣做，我們社長一定會很難過吧……還是算了。」

給他們的愛多到讓他們會這麼想——

結果，跟我以前不斷碎碎念的做法相比，愛讓孩子們惹的麻煩明顯減少。

我在某節目針對偶像團體上課時，曾經說了已經說爛的一句話「要珍惜你的粉絲們」。

「如果重視粉絲，粉絲們應該也會愛你們。當你們即將脫離常軌走錯路時，最後拉你們回來的會是浮現於腦中的這些粉絲們。所以請務必珍惜你們的粉絲。」

我是這樣教他們的。

我現在有許多不想背叛的人們。

反過來說，這也證明了我得到許多人的愛，真的非常幸福。

就算眼前出現具有吸引力的誘惑，我腦海中也會浮現家人、朋友、員工，還有重要的粉絲們傷心的臉。無論是什麼樣的誘惑，只要想到他們悲傷的神情，那誘惑也就不算什麼了。

多虧各位的愛護，我才能成就我人生的其中一個篇章。

雖然這台詞說得很蹩腳，不過，愛是最棒的！各位，真的非常感謝你們。

ROLAND's
own way of life

7

「ROLAND不會
對ROLAND說謊。」

我在上一本書寫了**「不對自己說謊的重要性」**。

這真的很重要。

所謂人類，就是無論走到哪都認為自己是討人喜歡的生物。

所以就算內心明白自己的生活、自己的工作、自己的選擇對自己而言是六十分或七十分，如果自己也承認的話，總覺得這樣的自己非常可悲，所以摀住耳朵逃避那樣的心聲，強迫自己在腦中校正為一百分，也合理化自己的一切作為，認為這麼做是正確的。

但是，我希望你要確實聽聽自己的真心話。

我真的這樣就感到滿足嗎？

這真的是我想做的事嗎？

對我而言，這樣是一百分嗎？……？等等。

自己的內心，是最優秀也最不留情面的顧問。

如果你坦率地側耳傾聽，你的內心隨時都會確實指導你應該怎麼做。

自己的內心偶爾也會提出讓你想放棄的嚴格要求吧。

回應那種要求的，或許是崎嶇的道路。

然而，假如你在未來的人生中，持續在腦中將不足的分數補足為一百分，然後人生結束時才要覺得後悔的話，那麼無論是多困難的道路，還不如選擇單純跟著內心走的人生。

無論是六十分或七十分，怎麼美化都不會是一百分。因為再怎麼做，就只是六十分或七十分而已。

你是不是壓抑了內心羨慕的聲音，說「再怎麼說，平凡最不平凡」，勉強地把自己的行為合理化呢？

人生只有一次。我討厭平凡。

我希望成為在鎂光燈之下受到眾人注目，眾人憧憬的人。

我想成為能夠改變世界的「人物」，極度渴望。

長年追求的足球選手的夢想未能如願時——

「說到最後，像一般人念書，像一般人工作，像一般人過穩定的生活最棒」，這種話我曾經強迫說給自己聽，但還是無法對自己的內心說謊。對自己說謊這種事，我辦不到。

所以，**無論情況有多糟，都要傾聽自己內心的聲音活下去**。

當然，現在也是如此。

你也試著下定決心坦然面對自己的內心看看吧。

現在開始做也還不遲。試著跟隨著內心的腳步，走自己人生的路吧？

Shanghai, China. November 2019.

Venice, Italy. February 2019.

Tokyo, Japan. February 2021.

Okinawa, Japan. October 2020.

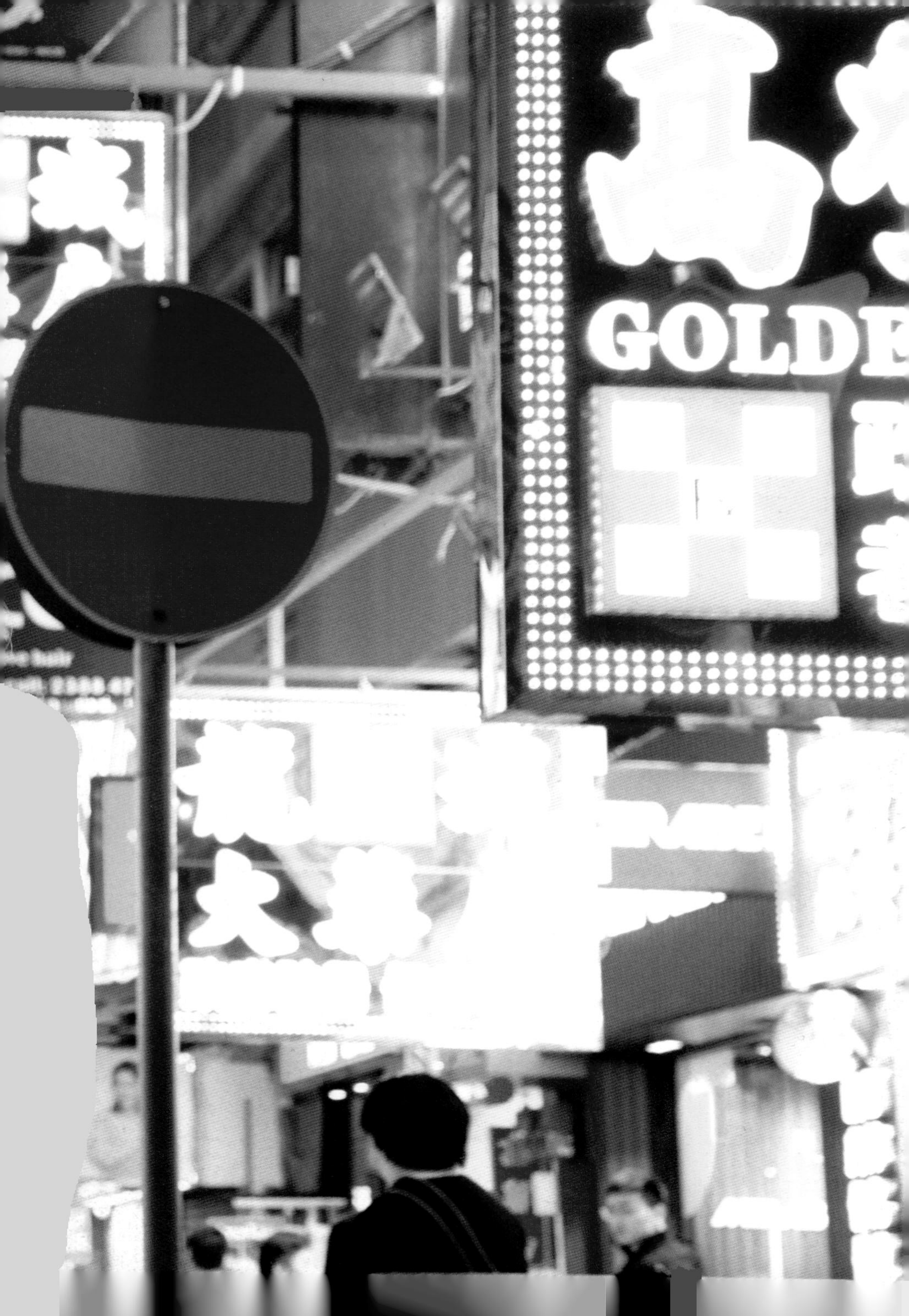
GOLDE

Hong Kong,
Special Administrative Region of the People's Republic of China.
May 2019.

Kampong Cham, Cambodia. May 2019.

Chiba, Japan. February 2021.

Tokyo, Japan. March 2019.

第7章 變得正向 ROLAND名言集

ROLAND's positive words

ROLAND's
positive words

1

「如果煩惱，就看看我。」

後來接著說，「煩惱的時候，是不是會想看大海或天空等壯麗的景色？看我也一樣」。

ROLAND's
positive words

2

「最佳風水？就是把我放在家裡。」

ROLAND的家以滿牆的鏡子裝飾，被指出這種做法最不利風水時，說出這句話。

ROLAND's
positive words

3

「ROLAND才不做選擇，
我全部都要。」

——被女性粉絲問「假如ROLAND先生是女性，女性的幸福跟工作，會選擇哪一個呢？」
——ROLAND的回答。

ROLAND's
positive words

4

「對我而言，學校不是去上課用的，學校是要蓋的。」

ROLAND被問道「東大生對您嗤之以鼻。如果您覺得不甘心，要不要來東大拜訪一下？」當時的回答。事實上，二〇一九年ROLAND在柬埔寨蓋學校的影片也已經在電視媒體上播放過。

ROLAND's
positive words

5

「我的決定正確與否，歷史自有公斷。」

——被問到如何看待討論男公關俱樂部暫時歇業的媒體，當時ROLADN所說的一句話，後來接著說「因為這個疫情的緣故，討論什麼是正確做法是沒有意義的。我只做我相信的事。」

ROLAND's
positive words

6

「真正的灰姑娘不需要玻璃鞋。」

——指「如果不透過什麼東西確認就無法確定是命中註定的話，那就不是命中註定。若是真正的命中註定，在穿上玻璃鞋之前，一看就知道。」其實ROLAND非常喜歡迪士尼。

ROLAND's
positive words

7

「若是為了您，連冥王星都只是隔壁而已。」

據說是在男公關時代，開車去接住在群馬縣的客人時所說的一句話。

ROLAND's
positive words

8

「說來，我其實不是用牙刷刷牙。我是用我的牙齒刷牙刷的。」

——這已經是無法理解的一句話了。

ROLAND's
positive words

9

「比起相反的情況，我這樣不是更好嗎？」

——有人諷刺ROLAND「你腦筋很好，跟外表相反」，他回應的話。

——本人說：「巧妙回應別人的諷刺，也是一種專業。」

ROLAND's
positive words

10

某電視節目問「頭髮太常漂白，萬一將來禿了怎麼辦？」

「無法跟上我的那些頭髮，就丟了吧！」

ROLAND's positive words

11

「ROLAND不喝白酒。因為它們迷戀我，全都變紅色了呢。」

——被問到「喜歡紅酒或白酒？」
——那是瞎說的吧……

ROLAND's
positive words

12

「我們可不是極光。每次都要證明自己的實力！」

——面對工作態度不穩定的男公關們所說的話。後來補充說明：「不能讓客人產生能看到就是幸運中獎的感覺。也有的客人是想來這裡留下一生只有一次的甜蜜回憶！」

ROLAND's positive words

13

「輸給ROLAND並不丟臉。這是獎勵你有勇氣挑戰ROLAND的勳章，可以掛在玄關當裝飾喲。」

——男公關與ROLAND比賽業績輸了，ROLAND對他說的一句話。可窺見當時他敏感一面的小故事。

ROLAND's
positive words

14

「接待客人的不是過去的實績。接待客人的是你自己。」

——對於沉浸在過去的榮景，現在卻得不到好成績的男公關所說的一句話。也希望活在過去榮耀的所有人都能聽到這句話。

ROLAND's
positive words

15

「會去討厭別人的，都是人生過得有點太幸福。」

被問及不說人壞話的理由。這是ROLAND獨特的回應方式。個人覺得最喜歡他說的這句話。

ROLAND's
positive words

16

「如果完美無缺，就會被所有人喜愛的話，那麼現在足球迷全是巴塞隆納足球俱樂部的球迷了。」

接著說，「但是實際上並非如此。不可能所有人都被喜愛。所以過於擔心被討厭是不行的喲。」

ROLAND's
positive words

17

對於「自己是魯蛇」的悲觀的人所說的話。

「跟我生在同一個時代，你已經是勝利組了喲。」

ROLAND's
positive words

18

訪問中，被問到如何面對「對手」。

「有時間對抗對手，還不如用這時間培養十位粉絲。」

ROLAND's
positive words

19

被問到失敗或被打敗時的想法。

「想到我還有做不到的事情，就覺得興奮呢。」

ROLAND's
positive words

20

「假如這世界是完美的，就不需要ROLAND吧？」

──「非常討厭這樣的世界」──聽到如此悲痛的傾訴，ROLAND回答的一句話。

前一本書出版至今，已經過了兩年。
也是因為寫書非常累人，本來已經打定主意再也不要寫書了。

在這兩年當中，世界完全變了一個樣。
新冠肺炎的疫情蔓延到全世界。

整個世界變得越來越黯淡。
我有沒有辦法稍稍地改變這樣的世界呢？
因為這個想法，我又重新提起筆來。
我既不會唱歌、跳舞，也不懂畫畫。

然而，我有「話語這項武器」。

我希望利用這項武器，用我只會的這個方法，盡量讓這世界變得更明亮一些。

這本書就是包含了我這個想法的一部作品。

還有，跟前一本書一樣，我也決定捐出本書的所有版稅收入。

這次也是想著大家開心的表情，才能夠完成寫書的目標。

如果純粹是為了增加銀行戶頭裡的數字，這本書絕對無法完成吧。

所以我認為這是一本與各位通力完成的書。

正因為是這樣的一本書，所以我也希望收到的版稅能夠回饋給各位。

真的非常感謝大家。

還有，我想對支持我的朋友們與家人說：

我的人生沒有誤入歧途走到現在，都是託各位的福。

無論時間過了多久，都還能與我保持親密關係，真的非常感謝。

以如此充沛的愛情養育我，真的非常感謝。

接著，我想對在我公司工作的所有員工說：
跟各位一起分享各位的成長，跟各位一起分享成功的瞬間，是我努力前進的理由。
在那麼多公司當中，選擇我的公司並且認真工作，非常感謝。
書中也提過，社長真痛苦！但是我能當各位的社長，真的非常幸福。

還有，還有！
我想對咖啡，以及我最愛的藝術家說：
每次想睡時，喝一杯咖啡讓我清醒。
每次寫書感到疲累時，聽了歌聲就能讓我繼續努力寫下去。真的非常感謝。

在此也想對出版社的工作人員說——
關於出版日期，我們曾經有過各種爭執，但是最後能和我面對面坐下來討論，真的非常感謝。

還有，最後想對閱讀本書的各位讀者說：

我想送各位這句話作為結尾——

「自己要成為自己的朋友。」

這也是我非常重視的一句話。

男公關時代。

野心與欲望交織的歌舞伎町。

身邊所有人都是敵人，每個月每個月都要競爭排名。

想要把你擠下排名的人、想要騙你的人，或是想要利用你的人，我發現我連一個朋友都沒有。

在那樣的環境中，**如果不把自己當朋友，誰又能當我的朋友呢？**

想到這點，我就決定無論發生什麼事，一定要成為自己的朋友。

就算犯了無可挽回的失誤，就算努力卻得不到回報，就算被身邊所有人否定，就算處於四面楚歌的狀態，只有自己一定要持續支持自己。

無論自己有多麼不好，我都要勉勵自己、支持自己。

我也是有過那樣的時候。
雖然進行得不怎麼順利，但是你還是做得很好喲！像這樣為自己加油。

就算是成為社長的現在，我的態度依舊不變。

經營者是孤獨的。
肩上背負著所有責任撐到最後的，是我。
就算公司倒閉，也不會有人幫助我。也不能跟別人訴苦。

正因如此，我絕對要成為支持自己的好朋友。

在本書中，我告訴你成功或勝利就是正義，不要放棄，要勇敢追夢等。當然，這是我的真心話。

但是，就算你做不到也無所謂。因為，你就是你自己。

只要依照你自己的步伐前進，就算有些偷懶，那樣的你也一定是最棒的，我依然會繼續支持你。

不過，我希望至少你自己要成為自己的朋友。希望你能答應我這點。

遇到重大的挫折時，遭人否定時，比賽慘敗時，那時連自己都可能會討厭自己……

希望至少你要持續成為自己的朋友。

還有，就算是腦中一個小角落也好，希望你能把我這句話收藏起來。

無論世人如何譴責你，無論發生什麼事，我一定會持續肯定你。我跟你約定。ROLAND將永遠是你的朋友。

努力卻沒獲得回報，感覺自己比任何人都悲慘，因為自己的緣故而傷害了別人等等，那些時刻確實非常痛苦吧。我非~常了解喔。

因為，我現在說的，我全都經歷過。

在那樣的時候，請打開這本書，回想起ROLAND是你的朋友。

多數決的定義是以大多數人的意見為正確的意見，或者是以ROLAND舉手贊成的意見為意見。

只要有ROLAND陪在身邊，你絕對不會輸給世界上任何一個對手。

謝謝你讀到最後。

真的非常感謝！

總有一天我們會在某處相見！一定！

二〇二一年六月

ROLAND

ROLAND

1992年7月27日生於東京都。
為男公關、企業家、株式會社ROLAND GROUP HD社長。
高中畢業後考上大學不久就迅速退學，18歲在歌舞伎町當男公關。經過一年的歷練，持續更新歌舞伎町的男公關業績紀錄。26歲獨立創業，成立由自己擔任負責人的男公關俱樂部「THE CLUB」。現在除了經營除毛沙龍、美容院並成立服飾品牌之外，也活躍於電視、雜誌等媒體，多元發展中。
第一本著作《ROLAND 我，和我以外的。》為暢銷作品，本書為第二部作品。

本書支付給作者的版稅將全額捐贈作為培育兒童及各類醫療機構所用。

Official Web Site: https://roland-group-hd.com/
Instagram: roland_0fficial
Twitter: @roland_0fficial
YouTube
【THE ROLAND SHOW】: https://www.youtube.com/channel/UCSxjUZznZGt-ynhmtsCxjXA

你，和你以外的。　來自 ROLAND 的贈言
原著名　君か、君以外か。君へ贈るローランドの言葉

作　　者・ROLAND
攝　　影・Kei Sakuhara/muse design&edit
譯　　者・陳美瑛

2022 年 1 月 24 日　一版第 1 刷發行

發 行 人・岩崎剛人
總 編 輯・呂慧君
編　　輯・林毓珊
美術設計・李曼庭
印　　務・李明修（主任）、張加恩（主任）、張凱棋

台灣角川

發 行 所・台灣角川股份有限公司
地　　址・104 台北市中山區松江路 223 號 3 樓
電　　話・（02）2515-3000
傳　　真・（02）2515-0033
網　　址・http://www.kadokawa.com.tw
劃撥帳戶・台灣角川股份有限公司
劃撥帳號・19487412
法律顧問・有澤法律事務所
製　　版・尚騰印刷事業有限公司
I S B N・978-626-321-123-0

國家圖書館出版品預行編目資料

你，和你以外的。：來自 ROLAND 的贈言 / ROLAND 著；陳美瑛譯．-- 一版．-- 臺北市：臺灣角川股份有限公司，2022.01
面；　公分
譯自：君か、君以外か。：君へ贈るローランドの言葉
ISBN 978-626-321-123-0(平裝)

1. 羅蘭 2. 傳記

783.18　　110019167